LES PETITS ÉTATS

ET LA

NEUTRALITÉ CONTINENTALE

DANS

LA SITUATION ACTUELLE DE L'EUROPE

LES

PETITS ÉTATS

ET LA

NEUTRALITÉ CONTINENTALE

DANS LA

SITUATION ACTUELLE DE L'EUROPE

PAR

J. HUBER-SALADIN

COLONEL FÉDÉRAL,

ANCIEN ATTACHÉ MILITAIRE A LA LÉGATION DE LA CONFÉDÉRATION SUISSE A PARIS.

Deux Cartes.

PARIS

AMYOT, LIBRAIRE-ÉDITEUR

8, RUE DE LA PAIX, 8.

1866

AVANT-PROPOS

Si l'on veut bien prêter quelque attention à cet écrit, inspiré par les circonstances actuelles, il sera facile d'y reconnaître un double but.

Au point de vue du présent et de l'avenir des petits États en général et de la valeur, en particulier, des garanties de sécurité données par les traités de 1815 aux neutralités permanentes de la Suisse et de la Belgique, quel parti le droit des gens peut-il tirer de ces antécédents de neutralité pour l'équilibre européen dans les transformations qui se préparent ?

Quelle est dans la situation actuelle l'importance des questions politiques et stratégiques concernant la Confédération Suisse et le royaume de Belgique ?

L'inévitable réorganisation pacifique après la guerre exigera quelques bases nouvelles; la roche de Sisyphe de la vieille politique ne saurait y rouler dans toutes les mêmes ornières.

En attendant, plusieurs questions qui paraissaient mortes ou du moins profondément endormies se réveillent. Depuis qu'un vaste théâtre d'opérations, qui n'est plus la guerre localisée sur le rocher de Sébastopol ou dans la vallée du Pô, s'étend de l'Adriatique à la Baltique, la stratégie, la neutralité, les armées et les champs de bataille, occupent tous les esprits. Les communications rapides et plus fréquentes, nous le disons avec regret, n'ont qu'insensiblement modifié jusqu'à présent les préventions traditionnelles et les ignorances internationales entre les peuples même les plus voisins. Il pourrait en résulter de dangereux et de sanglants mécomptes, si la guerre embrassait un champ plus vaste encore.

La place relativement considérable que la Suisse et la Belgique occupent dans ce travail s'explique ainsi naturellement. Il en est de même pour les cartes, destinées à un autre ouvrage, que nous utilisons dans celui-ci.

Nous réclamons l'indulgence, vu l'urgence de l'actualité, pour un aperçu rapide, incomplet, sur des sujets qui touchent à la fois au droit public, à l'histoire, à l'art militaire, à la politique contemporaine. Nos bonnes intentions suffiront-elles pour faire excuser une entreprise au-dessus de nos forces?

Les sages appels de l'Empereur Napoléon à des congrès préventifs, et la certitude de l'influence généreuse et libérale que la France exercera sur les futures conférences, étaient des encouragements. Il est des moments où il est permis au plus obscur et au moins autorisé d'apporter son grain de sable à un édifice nouveau. L'indépendance de position semble imposer aussi quelques devoirs. En se tenant à Paris à l'écart de tous les partis on s'y prépare mieux que partout ailleurs à l'impartialité exempte de toute exagération. C'est un titre modeste, dans tous les cas, pour parler à la fois en *citoyen européen,* qu'on nous passe un mot nouveau qui ne devrait pas l'être, et en ami de son pays.

Paris, le 5 juillet 1866.

Le grand événement de la cession de la Vénétie à l'Empereur des Français et sa médiation pour amener la paix entre les belligérants, en confirmant nos prévisions, en devançant nos espérances, nous permettent de publier, sans y changer un seul mot, cet écrit inspiré par la politique pacifique et généreuse qui vient de remporter une si éclatante victoire. Une partie de ce travail était et reste indépendante des péripéties plus ou moins prolongées de la guerre; l'autre, en caractérisant le rôle de deux petits pays neutres, puise dans l'imprévu des événements de nouveaux encouragements à attirer l'attention sur les garanties de neutralité permanente qui pourraient faire à tous les petits États une position nouvelle dans le droit public européen.

Paris, le 6 juillet 1866.

LES PETITS ÉTATS

DANS LA SITUATION ACTUELLE DE L'EUROPE

I

On a tout dit sur une guerre de nationalités, de prépondérances, de principes, de conquêtes, dont le caractère multiple est le trait à la fois le plus neuf et le plus significatif. Il ne reste même pas à revenir sur les étonnements de ceux qui se croyaient ramenés à grande vitesse à l'âge d'or; pour lesquels les formidables engins de destruction n'étaient que des jeux innocents de la science, les magnifiques armées un ornement de la paix et les boulets de trois cents livres les perles de sa couronne.

Pour bien comprendre ce qui se passe sous nos yeux, il faut moins s'occuper des hommes que de la grandeur des intérêts engagés dans la lutte. La guerre actuelle n'est l'œuvre ni de M. de Bismark, ni du roi d'Italie, ni du vieux droit que défend l'Autriche, ni du nouveau que réclament les nationalités; elle est l'œuvre du progrès social depuis un demi siècle, de l'écroulement de l'édifice de 1815, et surtout de l'insuffisance d'un droit des gens, code des nations suranné débordé par d'impérieuses nécessités nouvelles.

Après les coups mortels qui lui ont été portés, de 1789 à 1815, par les plus terribles chocs d'idées et de nations dont l'histoire du monde offre l'exemple, la vieille Europe historique se meurt. Le désordre actuel n'est autre que son agonie.

Les symptômes de la crise sautaient aux yeux : l'instabilité croissante dans les rapports politiques, les alliances éphémères, l'isolement, aucun équilibre durable garanti par des clauses généralement acceptées, la barrière du *non possumus* forcément dressée devant la clef de voûte du temple de Saint-Pierre, le bon droit impossible, le mauvais remuant tout ce que l'amour de la patrie a mis de plus noble dans le cœur humain. Enfin, au milieu de cette anarchie, l'appel à la sagesse prévoyante est paralysé par les défiances vulgaires ; la voix, qui deux fois proposait les congrès préventifs, ne fut ni comprise, ni même entendue, et lorsqu'à la dernière heure elle est parvenue à rallier deux grandes puissances neutres, il était trop tard.

L'heure des impuissances avait sonné pour faire place à celle où les nœuds gordiens ne se tranchent que par l'épée. La guerre est sortie des entrailles de la situation comme l'explosion du volcan sort des entrailles de la terre. C'est le moment où la civilisation arrêtée dans sa marche par une muraille infranchissable se voile la face et remet aux mains de Dieu le sceptre dont elle ne veut pas faire un glaive.

Alors la guerre remplit sa terrible mission providentielle ; elle déblaie les ruines là où s'éleveront les édifices nouveaux. Le dévouement, le sacrifice relèvent l'homme à ses propres yeux, et le soldat donne sa vie et son sang aux champs de bataille, ces éternels calvaires de l'humanité.

Sans s'ériger en prophète, il est permis de tenir pour certain qu'il ne peut sortir des guerres modernes que des conquêtes généreuses. Les guerres de Crimée et d'Italie en fournissent la preuve. Un résultat pareil vengera la civilisation de l'outrage qu'elle subit maintenant. Le droit du vainqueur, le droit du plus fort y fera le travail à rebours des ouvriers des Gobelins ; il affermira le droit des faibles, par respect pour lui-même, sous la pression de l'honnêteté publique universelle. Si, dans la traversée de la crise, les petits États hors de la Confédération germanique, ne sont pas directement menacés, une certaine inquiétude leur est cependant permise. La démoralisation internationale qui semblait permettre à chacun de prendre ce qui était à sa convenance, port de mer ou frontière, n'est pas faite pour les assurer, avec l'antécédent des conséquences pour le Danemark, des cauteleux arrangements de 1852. Ce petit royaume, déjà si maltraité par le traité de Kiel et la perte de la Norvége en 1814, s'est vu abandonné par les puissances qui ont laissé s'accomplir l'attentat de lèse-nation commis sur les bords de l'Elbe. Le trouble anormal de l'Europe est-il pour cet abandon une excuse suffisante? Le droit public de 1815, même moribond, à bout de forces, n'avait-il pas un noble devoir à remplir? L'ombre de Bernstorf ne s'est donc pas dressée devant le mourant pour lui rappeler 1801 et 1807; pour lui dire, avant lord Palmerston, que la torche qui met aujourd'hui le feu à l'Europe s'est allumée aux cendres du bombardement de Copenhague aussi bien qu'à la guerre récente des duchés, et que l'héroïsme d'une petite nation est une sauvegarde de respect et d'honneur qui ne doit jamais être oubliée.

Toucher à l'honneur et à l'indépendance des petites nations, des petits États, des petits peuples, c'est briser l'arche sainte; c'est le sacrilége, c'est l'ingratitude pour les berceaux de la civilisation, la patrie des arts, le foyer des lumières, les refuges de la pensée. La Grèce antique, les républiques et les duchés d'Italie des xve et xvie siècles n'étaient que de petits États. L'Europe leur doit la lumière, la renaissance des lettres et des arts. Le petit Portugal trouve la route des Indes; le petit royaume de Castille et d'Aragon ouvre à Colomb le chemin du Nouveau-Monde. Plus près de nous, la Hollande, Leyde, les universités allemandes, Weimar, furent pour les sciences et les lettres des centres intellectuels européens. On peut en dire autant de Genève, de Zurich et de Bâle. Rome et Genève sont encore les symboles des deux hémisphères du monde chrétien. Dans les petits territoires, la pensée, les mœurs s'y retrempent, la famille est un sanctuaire, le patriotisme se concentre, l'individualité grandit au profit de l'humanité tout entière. Les petites tribus de Juda furent l'asile de Dieu au sein de l'énervement des gigantesques despostismes. La croix vengeresse de la Rédemption s'est élevée sur la plus haute ruine de ces infimes tributs englouties dans l'empire romain.

II

Quel que soit, quel que sera le futur équilibre européen, la place des petits États y est marquée d'avance par leur passé. Leur histoire, depuis que l'Europe est sortie de l'anarchie féodale qui régnait après le traité de Verdun et encore aux transactions de Passau, est rassurante. Elle l'est particulièrement pour ceux dont les traités d'Osnabruck et de Munster ont reconnu la souveraineté et l'indépendance, et qui survivent jusqu'à présent sans remaniements sur la carte de l'Europe.

S'il y a beaucoup à dire sur cette fameuse paix de Westphalie, ce code des nations de 1648, toujours est-il que les petits États et les mineurs de la famille des idées y trouvèrent des protecteurs et des parrains. Si les négociateurs s'inclinèrent devant les puissants, ils saluèrent avec respect les droits des faibles, et les trois clauses territoriales, politiques et religieuses, sur lesquelles ils fondèrent l'édifice européen, furent des bases qui n'ont pas manqué de solidité. Elles ont longtemps contenu l'excès des prépondérances politiques et religieuses. Ryswick, Utrecht, Vienne (1735), Aix-la-Chapelle (1748), furent toujours des traités d'équilibre. Les souverainetés, les juridictions ecclésiastiques, déjà depuis Passau, tendirent à disparaître. Dans le flux et le reflux des traités, qui enlevait, donnait ou rendait cessions et conquêtes, sans renverser l'équilibre, on a toujours considéré l'existence indépendante d'un grand nombre de petits États comme une nécessité d'intérêt et d'ordre européen, et particulièrement celle des deux Républiques admises au rang d'États souverains en 1648 : le Corps helvétique et les Provinces-Unies. Ces dernières se retrouvent aujourd'hui, sauf la bande des Flandres conquise par Louis XIV, dans les royaumes de Hollande et de Belgique. Les princes et les États de l'Empire recouvrèrent ce dont ils avaient été dépossédés depuis 1619. L'Électorat de Brandebourg fut largement indemnisé; il est devenu depuis le royaume de Prusse. La Suède y grandit, ainsi que les États qui formèrent plus tard l'équilibre du Nord. L'espace nous manque pour en dire davantage. Plus tard, le partage de la Pologne est l'épisode, à la fois le plus effrayant et le plus instructif, pour les petits États qui leur soit offert par l'histoire moderne.

Au traité de Lunéville, où furent sanctionnés de grands changements territoriaux, les électeurs de Trèves et de Cologne disparurent. Un grand nombre d'évêchés, de prévôtés, d'abbayes, de villes impériales, les débris des États de Mayence et de Worms, furent réunis aux grands et petits États d'Allemagne ; la neutralité de Hambourg, Francfort, Brême, Augsbourg, Lubeck et Nuremberg y fut reconnue.

Dans les remaniements de l'Italie, devenue successivement, de 1796 à 1814, république et royaume, les petits États subirent toutes les péripéties d'un bouleversement général. On sait le sort que le traité de Campo Formio a fait à Venise. Les traités de 1815, en rétablissant les États secondaires et les petits États italiens, ont donné la république des Doges à l'Autriche et Gênes au Piémont. L'absorption tout récente des petits États de la Péninsnle dans l'unité italienne est trop connue pour y revenir. Le trône de saint Pierre, dernier fragment de la puissance temporelle, est encore debout dans la ville éternelle, après avoir perdu les Légations.

Le Portugal ne paraît pas beaucoup s'effrayer des vagues tendances d'une unité ibérienne. Les petits États de la Confédération germanique pourraient redouter davantage la chance d'être les enjeux de la lutte entre l'Autriche et la Prusse, dans la guerre actuelle, si l'intérêt des grandes puissances à sauvegarder l'équilibre européen ne leur offrait pas de rassurantes garanties.

Les petits États, si l'on en excepte Venise et le Danemark qui a perdu la Norvège, n'ont pas eu à se plaindre des traités de 1814 et de 1815. A Paris et à Vienne on a sécularisé et médiatisé, avec des ménagements pour de très petites souverainetés restaurées. Les villes libres de l'Allemagne ont reçu une constitution particulière. On réunit à la Suisse, en qualité de cantons, ses anciens alliés, Genève, Neuchatel et le Valais. L'évêché de Bâle est devenu bernois. Quelques communes françaises et savoisiennes sont échues au canton de Genève. Mais la belle vallée de la Valteline, demeurée entre les mains de l'Autriche, n'était pas un équivalent pour la cession de Fricktal par cette puissance; Mulhouse est la seule conquête de la France sur le Corps helvétique qui lui soit restée.

Le rôle des petits États neutralisés dans l'intérêt général ou celui de leurs voisins, fut confirmé par les neutralités perpétuelles de la Confédération suisse et de Cracovie. Cette petite république a définitivement été annexée à la Gallicie en 1847.

Depuis 1815, toutes les puissances ont reconnu l'indépendance de deux nouveaux petits États, la Grèce et la Belgique : le premier arraché à la Turquie, le second séparé de la Hollande. La Grèce est un neutre naturel sur la route maritime de Constantinople. La Belgique est un neutre perpétuel dans les mêmes conditions, à peu de chose près, que la Suisse.

III

Indépendamment de la Suisse et de la Belgique, petits États auxquels des considérations stratégiques et politiques ont fait une position exceptionnelle, si l'on considère tout ce qui compose la Confédération germanique comme un corps de nation, en donnant une place à part à l'Italie, les États secondaires isolés se trouvent réduits à l'Espagne, au Portugal, à la Hollande, à la Suède-Norvège et au Danemark. Les Provinces Danubiennes se rattachent, avec la Turquie et la Grèce, à la question d'Orient. L'excentricité géographique de l'Espagne et du Portugal les mettent en quelque sorte ici hors de cause.

Quelles garanties assurent aujourd'hui la neutralité et l'équilibre européen à l'isolement des petites nations? — *Les petits États*, dit M. Dechamps, ancien ministre des affaires étrangères de Belgique, dans sa brochure sur la France et l'Allemagne, *même ceux qui fondaient quelques illusions sur leur neutralité, clause du droit public européen, ne doivent plus compter que sur eux-mêmes, sur le patriotisme à l'intérieur et sur une politique intelligente à l'extérieur.* Il est permis de répondre à M. Dechamps, que les petits États peuvent compter sur l'intérêt européen et sur la déclaration de la France à l'égard des vœux des populations librement exprimés. Les cabinets et la diplomatie possèdent un grand nombre d'hommes éclairés, pleins de bonnes intentions, que les difficiles questions d'avenir préoccupent depuis longtemps. Au premier congrès après la guerre, ils seront à l'aise. La seule politique possible, celles des transactions, y sera plus facile. Peut-être même y trouvera-t-on l'exacte mesure de ce qu'il faut prendre à l'utopie pour féconder la réalité. Après tout, le système de 1815 a vécu, tant bien que mal, près d'un demi siècle. Sur des bases, depuis longtemps chancelantes, les échafaudages temporaires et les expédients ont formé l'école des hommes d'esprit qui disent : après nous, ou après moi le déluge. Leur temps est passé. D'autres, il faut l'espérer, nous sauveront du cataclysme. Le meilleur accueil fait à la dernière proposition du congrès préventif est déjà d'un bon augure.

Trois grandes puissances neutres ont montré à cette occasion, et pour la première fois d'une manière aussi frappante, ce que l'élément pacifique de la neutralité promet pour l'avenir. Le non-succès d'une bienfaisante tentative trouvera dans le sang versé une trop éloquente justification pour ne pas ramener l'attention sur le parti que le droit des gens peut tirer d'un principe qui puise une force toute nouvelle dans la moralité qu'il renferme et ce qu'il promet à l'intérêt général. Appliqué à la Suisse et à la Belgique dans cet intérêt, entouré même à leur profit de garanties nouvelles, il est rentré forcément dans l'impuissance de toutes les stipulations internationales qui ne sont pas soumises à un tribunal supérieur, ou si l'on veut, amphictyonique.

La voie, qu'une ère nouvelle semble ouvrir par le traité de Paris d'avril 1856 à la neutralité maritime, ne saurait-elle s'élargir encore pour la neutralité continentale à laquelle les tendances européennes du présent et de l'avenir donnent une importance qu'elle n'avait pas dans le passé? Les petits États n'y trouveraient-ils pas la sécurité qui leur manque? Cette sécurité devient aussi nécessaire au futur équilibre européen que leur existence.

Les trois questions qui agitent l'Europe depuis quelques années doivent leur fiévreuse persistance à des suppressions ou à des mutilations de petits États. La double guerre allemande et italienne en est sortie. La Pologne, Venise et le Danemark disent assez haut que le respect dû aux faibles par les forts, inauguré à la paix de Westphalie dans l'équilibre européen, n'est pas une chimère.

LA NEUTRALITÉ

DANS LA SITUATION ACTUELLE DE L'EUROPE.

Dans la crise actuelle, les neutres et la neutralité attirent particulièrement l'attention. Mais, si les hommes politiques, les publicistes et les jurisconsultes savent exactement ce que le principe de la neutralité représente dans le droit public, il est permis de douter qu'on s'en rende généralement un compte aussi clair. Il ne faut pas s'en étonner. La neutralité fut toujours, ce qu'elle est encore, le principe le plus vague et le plus controversé du droit des gens. Il a fait violence en quelque sorte au droit international pour s'y faire une place jusqu'à présent très-modeste. Et le droit international lui-même, qui n'est autre que le résumé de tous les progrès moraux, religieux, philosophiques et politiques de la civilisation, est une science toute moderne. Si bien, que le mot international, *international law*, qu'on doit à Bentham, n'est pas français. Il frappe encore avec ses compatriotes, les rails, le sport, et les wagons, à la porte de l'Académie.

Le droit international est une récente et noble conquête de la fraternité chrétienne. Mais il campe seulement à l'étape où il n'a dressé que des tentes; toutefois, il s'y fortifie de plus en plus dans les retranchements sur lesquels flotte son drapeau. La neutralité est un des puissants auxiliaires de son armée pacifique.

Car la neutralité est à la fois un corollaire du principe de la liberté humaine et l'affirmation politique et militaire de l'indépendance des nations. Voici en peu de mots le résumé de toutes les définitions qui la concernent.

Quand un État n'est pas tenu par convention ou par le droit naturel, de prendre part à la guerre qui survient entre deux ou plusieurs puissances, il peut rester neutre, c'est-à-dire continuer ses relations amicales avec les deux. — Les belligérants ne doivent porter volontairement aucune atteinte aux intérêts des neutres. De leur côté, ceux-ci doivent s'abstenir dans leurs relations, de tout changement qui, favorable à l'un des belligerants, serait nuisible à l'autre.—La neutralité est complète ou limitée, en d'autres termes, naturelle ou conventionnelle. —La neutralité complète exige : 1° qu'on s'abstienne de toute participation aux opérations militaires ; 2° que dans ce qui peut être utile aux belligérants, relativement à la guerre, on n'accorde ou ne refuse pas plus à l'un qu'à l'autre.—La neutralité limitée consiste à accorder des avantages à l'un des belligérants, en vertu de conventions antérieures, mais de bonne foi et avec l'assentiment de l'autre. — La première est régie par le droit naturel et existe indépendamment de tout traité ; la seconde, qui n'est qu'une exception, est régie par le droit des gens et varie selon les conventions modifiables à l'infini. Ainsi les traités de 1815 ont proclamé la neutralité perpétuelle de la Suisse, ce qui fu accepté par elle. En 1831, les cinq puissances proclamèrent la neutralité de la Belgique. — La neutralité armée, dont la neutralité maritime fournit les exemples de 1780 et de 1800, est la protection efficace accordée par l'État ou par des alliés, à des sujets contrariés dans leur commerce maritime par les belligérants. Elle prend dans les guerres continentales un caractère plus significatif (1).

(1) Consulter Vattel, Kluber, Lampredi, Martens, Durat-Lasalle, Rayneval, Royer-Collard ; les ouvrages plus modernes des américains Wheaton, *elements of international law;* W. Hallek, et particulièrement Hautefeuille, *des Nations neutres;* Villiaumé, *l'Esprit de la guerre;* Cauchy, *le Droit maritime international;* Arendt, *Neutralité de la Belgique;* et encore Oke-Manning, Phillimore, Wurm, Schmetzing et Gessner, *Droit des neutres sur mer,* 1865.

En voilà assez pour comprendre que la neutralité n'a jamais assuré que des garanties passagères, soumises à toutes les éventualités de la guerre, des alliances, des ruptures et des cas de force majeure. Elle a offert et offre encore des tentations trop fortes sous le régime du droit national exclusif. L'adage, que tout ce qui nuit aux autres est un avantage pour soi; le droit d'empêcher autrui de chercher sa force là où nous l'avons trouvée et celui de *faire* au prochain ce que nous ne voudrions pas qui nous fût fait, sont loin de la modération et du respect du droit qu'exige la neutralité surtout à l'égard des faibles.

Nous n'avons pas à tracer ici son histoire chez les anciens. Toujours est-il bon de remarquer qu'elle fut considérée par leurs grands législateurs comme un moyen de paix et de trève. Chez les Grecs, l'Élide fut neutralisée sous prétexte de jeux Olympiques. Les villes immunes, les temples sacrés, l'asile de Théos étaient des neutralisations locales. Si la politique conquérante de Rome ne connut que des ennemis ou des alliés, ces derniers furent souvent plus ménagés que bien des alliés modernes. Quel homme de guerre de notre civilisation, sans excepter le roi philosophe ami de Voltaire, a fait apposer des cachets sur les épées de ses soldats, comme Pompée en traversant le territoire d'un ami des Romains ? Les accusations de Cicéron contre Verrès témoignent sur ce sujet d'un sens moral digne de la philanthropie politique la plus sévère. Sans admettre, avec Hübner, que l'antiquité considérait le respect pour la neutralité comme un principe si naturel, qu'il est permis d'interpréter l'absence d'un mot qui rende celui de neutre par cela même que ce mot n'était pas nécessaire, et, sans combattre une exagération par une autre, admettons avec M. Egger que les écrivains chrétiens des premiers siècles ont trop abaissé l'antiquité, au profit de la religion nouvelle, en lui refusant les bénéfices les plus élémentaires du droit des gens.

Au moyen-âge, le premier rayon qui perce les ténèbres brille sur la croix pacifique. L'Église proclame la paix ou la trève de Dieu et menace de ses foudres les belligérants féodaux. Elle neutralise, les temples, les cloîtres, les cimetières, les moulins, les routes, quelques villes et villages. Le neutre pacificateur, modérateur, conciliateur, est ici Dieu lui-même.

Si la République de Cicéron fut l'utopie taillée dans le plus beau marbre de la terre, la Cité de Dieu de saint Augustin élève un édifice dont la voûte est au ciel. M. Troplong y voit avec raison le progrès final par lequel l'humanité a été mise en possession de la vraie civilisation universelle. M. Giraud, au même point de vue, en disant que l'humanité gravite à l'unité, n'a certainement songé ni à combattre M. Thiers, ni à justifier MM. de Cavour et de Bismark. La spirale de Leibnitz est bien aussi quelque peu la figure de la même gravitation. Qu'il ne s'agisse là que d'unité de croyances, de mœurs, d'intérêts, et non d'unité politique, la ligne de séparation entre les deux tendances n'en est pas moins difficile à tracer.

II

Les besoins matériels, les nécessités commerciales ont, dès le moyen-âge, forcé la main aux ignorances et aux résistances égoïstes. Nos besoins industriels et financiers exercent aujourd'hui une influence pareille incontestable. Le commerce maritime, ressuscité et provoqué par les croisades, donna naissance aux premières conventions opposées aux prétentions à la domination de la mer. La loi Rhodienne fournit les premières bases des statuts d'un droit maritime proposé par Venise. *Les Partidas de Castille, le Code maritime de la ligue hanséatique, l'Office de Gazarie de Gênes, les Rôles d'Oléron*, enfin *le Consulat de la mer*, qui reçut l'adhésion de tous les États maritimes, fondent des coutumes, si ce n'est une véritable législation.

Si les écrits abondent sur les droits et les devoirs des neutres de la mer, aucun ouvrage spécial n'a été consacré à la neutralité continentale. L'urgence n'y était pas. Quelques principes généraux lui étaient applicables. Les navires, citadelles flottantes, magasins, entrepôts, comptoirs, portent leur fragment de sol national sur toutes les mers du globe. Les neutres à voiles ou à vapeur vont chercher les conflits; la neutralité continentale les attend dans une sphère comparativement très-restreinte.

La découverte de l'Amérique et la route maritime des Indes portèrent le trouble dans ce qui n'était pas déjà trop clair. Les célèbres *mare liberum* et *mare clausum* de Grotius et de Selden posèrent la question de la liberté des mers devant tous les pavillons, sans réduire les prétentions de l'Angleterre. Grotius, qui déjà condamne et attaque la course, touche à peine aux droits et aux devoirs des neutres dans son beau traité : *De jure belli ac pacis*. Il voit cependant, comme Leibnitz, le couronnement de l'édifice par la morale, base de la civilisation. Ce dernier sert la cause de la neutralité en comparant au point de vue chrétien le droit primitif et le droit conventionnel; mais c'est à Bynkershoeck et à Hübner, que le droit des gens est redevable d'avoir trouvé, dans le premier un savant propagateur des droits des neutres, et dans le second le plus énergique de tous les défenseurs de la neutralité.

Depuis Louis XI, il existait dans les Pyrénées et en Espagne, sous le nom de *paréage*, des conventions pour des routes et des localités neutralisées. Les guerres, avant et après la paix des Pyrénées, d'Aix-la Chapelle et de Ryswick, n'ont porté aucune atteinte à ces neutralisations traditionnelles. La neutralité de la Franche-Comté, celles temporaires, demandées, obtenues ou refusées des villes frontières de la Souabe; celles de l'Alsace, de Mayence, se rattachent, comme *la ligue du Rhin* de 1658, obtenue par Mazarin, aux alternatives de prépondérances et aux doubles avantages des barrières rhénanes.

Il ne fallut rien moins plus tard que l'avènement, dans le nouveau monde, d'une République qui rompait avec la tradition historique de l'ancien pour préparer la neutralité à son rôle politique. La convention pour la neutralité armée entre la Russie, le Danemark et la Suède, provoquée par la révolte de l'Amérique du nord contre l'Angleterre et la guerre de cette puissance avec la France et la Hollande, est un premier pas très-important. Le manifeste russe de 1780 résume dans le droit des gens les principes qui tracent la marche chancelante de la neutralité maritime. Les maximes anglaises n'en furent pas moins ébranlées et particulièrement les principes posés par elle, connus sous le nom de question de la guerre de 1756. Le grand Frédéric prend en main la cause des neutres, et engage avec l'Angleterre une lutte diplomatique qui fait honneur au chef d'une nation plus continentale que maritime. Enfin, la première année de notre siècle est signalée par le nouveau traité de neutralité armée entre la Prusse, la Russie, la Suède et le Danemark. On sait l'énergique résolution de ce petit pays l'année suivante, le beau rôle du comte de Bernstorf et l'héroïque défense de Copenhague contre Parker et Nelson.

De 1800 à 1816, les victoires de la France et six coalitions formées contre elle ne permirent que des trêves de peu de durée et des abstentions momentanées, où la neutralité maritime et continentale subit toutes les alternatives des épisodes d'un embrâsement général. La Suisse, dont le parti novateur avait ouvert les frontières à la France en 1798, ne put maintenir ses neutralités de 1813 et 1815 sous l'influence du parti contraire. La Confédération des dix-sept cantons de l'acte de médiation fut cependant respectée par le puissant médiateur. Instruit par l'expérience de 1798, il ne se fit des Alpes suisses ni une base d'opérations en 1805, ni une forteresse défensive quand la guerre fut ramenée, après Leipzig, sur le Rhin et les frontières de la France.

Le premier consul ne reconnut la neutralité suisse que lorsque la Confédération fut rentrée, après la constitution unitaire, dans la tradition historique. Elle y rentra même avec les priviléges de l'exception singulière qui lui avait permis, avant et depuis la paix de Westphalie, d'être neutre dans ses montagnes et belligérante au dehors par ses troupes capitulées. Le traité qui assurait 19,000 hommes à la France ne mit pas d'obstacle à la levée de régiments aux services de l'Angleterre et de l'Espagne. Toutefois, les clauses de l'alliance défensive ne permirent pas à toutes les puissances, et particulièrement à l'Autriche, de reconnaître la neutralité helvétique de l'acte de médiation.

III

Dans la marche régulière du progrès international, il eût été naturel de sanctionner et de développer, en 1815, les principes généraux des neutralités de 1780 et de 1800. Par ménagements pour l'Angleterre, les traités de Paris et de Vienne sont aussi muets sur la neutralité maritime qu'ils le sont par d'autres causes sur la question d'Orient. La philanthropie se retrancha dans la traite des noirs et la liberté de la navigation dans celle des fleuves.

Ne pouvant réunir la Suisse ni à la France ni à l'Europe de la Sainte-Alliance, on fit de sa neutralité, dans cet isolement, une garantie de sécurité pour elle, une barrière contre la France et comme une clause d'ordre européen. Cracovie fut placée dans les mêmes conditions, mais sous le protectorat des trois grandes puissances, qui l'ont annexée, en 1847, comme nous l'avons dit plus haut, à la Gallicie, après plusieurs occupations militaires et de longues discussions diplomatiques. La Suisse n'eût accepté aucun protectorat de cette nature. Mais ce protectorat n'en existait pas moins de fait, non-seulement dans la surveillance politique exercée sur les cantons, mais encore dans les conditions d'ordre intérieur imposées au pays tout entier. Dans l'intérêt surtout du roi de Sardaigne, qui cédait quelques communes au canton de Genève, une partie de la Haute-Savoie fut neutralisée et comprise dans la neutralité suisse jusqu'au Rhône et au lac du Bourget. On eût vainement cherché, à cette occasion, des similitudes d'intérêts suisses et étrangers, dans l'antécédent de l'ancien protectorat de neutralité exercé par le Corps Helvétique sur la Franche-Comté.

On sait comment la Belgique, détachée de la Hollande, a reçu le bénéfice de la neutralité permanente. Placée à l'autre extrémité de la zone intermédiaire tracée par les Alpes, le Rhin et la Meuse, un isolement pareil à celui de la Suisse et l'impossibilité, déjà proclamée dans le traité de Nimègue, de la réunir à la France ou à l'Allemagne, lui ont valu les mêmes garanties d'inviolabilité. Mais les puissances en ont fait pour la Belgique, une condition *sine qua non* de son indépendance; premier exemple d'une question de neutralité ainsi posée dans l'histoire politique de l'Europe.

En admettant deux périodes dans les restrictions apportées aux prétentions maritimes exclusives, la première date du milieu du 14e siècle et s'étend jusqu'à l'année 1780. La seconde embrasse la période toute moderne qui s'est écoulée entre 1780 et la déclaration relative au droit maritime du traité de Paris du 16 avril 1856.

Ce traité, par lequel toutes les puissances, à l'exception de l'Espagne, du Mexique et des États-Unis, proclament l'abolition de la course avec plusieurs clauses libérales favorables aux neutres, peut être considéré comme le point de départ d'une ère nouvelle. L'Angleterre y renonce aux anciennes règles du consulat de la mer. Le gouvernement de la Reine et lord Clarendon furent presque accusés de haute trahison dans les deux Chambres pour avoir fait ces concessions à l'esprit libéral du siècle. Si d'un côté, lord Palmerston répond à la députation de plusieurs villes de commerce, que l'Angleterre ne peut renoncer à aucun moyen d'affaiblir son ennemi sur mer, de l'autre, le comte Russell, dans l'affaire du Trent, a fait une déclaration que M. Cobden n'eût pas désavouée. La saine opinion publique en Angleterre comprend, de plus en plus, qu'il n'est pas dans l'intérêt d'un pays d'avoir un droit maritime particulier et de se refuser à reconnaître les principes suivis par toutes les autres nations chrétiennes.

Les États-Unis n'ont pas signé au traité, alléguant que les sept puissances étaient restées à mi-chemin en ne déclarant pas la propriété privée ennemie aussi inviolable sur la mer que sur la terre, et que leur adhésion les forçait à l'entretien d'une armée et d'une flotte de guerre régulières. Toutefois, dans la dernière guerre ils n'ont pas délivré de lettres de marque. C'eût été admettre le double caractère belligérant et indépendant des insurgés.

De cet aperçu rapide de l'histoire de la neutralité, il résulte :

Pour la neutralité maritime, que les nombreux écrits sur des questions controversées aboutissent, après les progrès et les reculades, les déclarations et le silence, au traité de 1856 ; que ce traité peut conduire à la création d'un tribunal international des prises ; que le droit des gens montre depuis dix ans, sur ces questions, des tendances internationales qui le mettent sur la voie des tribunaux amphictyoniques. Les conséquences du bombardement de Valparaiso, par une des puissances hors du traité, ne nuira certainement pas au triomphe des principes de justice et d'humanité.

Pour la neutralité continentale, on voit que les neutralités permanentes de la Suisse et de la Belgique, n'ont pas soulagé ces deux petits États de lourdes charges militaires qui disent assez haut qu'ils tiennent les garanties de neutralité pour des fictions de protocoles ; qu'ils ne comptent, comme les autres petits États également isolés, que sur leurs armes pour la défense de leur territoire et de leur indépendance ; enfin, qu'ils sont poussés comme eux aux séductions des alliances, sans en avoir les bénéfices en temps utile.

Les circonstances actuelles permettent de porter au bilan international, malgré l'abstention de l'Autriche et de la Russie, la convention de Genève de 1864, entre 15 puissances, pour la neutralisation des hôpitaux et des ambulances sur les théâtres de la guerre. La France peut revendiquer l'honneur de quatre initiatives prises par elle dans le même esprit : la proposition du maréchal de Noailles en 1743, acceptée par le général anglais comte de Stair; celle du marquis de Barrail en 1759, acceptée par sir Henry Seymour Conway; le traité de neutralisation de la même année entre la France et le roi de Prusse; enfin, la proposition du général Moreau en 1800, repoussée par le général Kray.

Dans le même bilan doivent figurer aussi les traités de commerce, les conventions télégraphiques, postales, artistiques, littéraires, monétaires et autres de cette nature qui forment entre les nations des liens indépendants, en quelque sorte, des questions politiques. Ces liens devraient être portés en tête de la colonne des bénéfices, eu égard à leur importance toujours croissante et à leur influence inévitable sur les bons rapports internationaux de l'avenir. A ce point de vue, on peut ajouter les rectifications de frontières, telles que celles qui ont donné lieu au traité de la France avec la Suisse pour la vallée de Dappes et à celui de cette même puissance avec l'Espagne pour fixer leurs délimitations.

On vient de le voir; avons-nous exagéré, en disant que la neutralité ne marche dans le droit des gens qu'à l'arrière garde ? Sur un terrain plus ferme, il est vrai, depuis 1856, elle attend encore le secours dont elle a besoin, pour remplir la mission pacifique dont trois grandes puissances viennent de montrer à la fois la grandeur par une espérance et le néant par une déception.

LA NEUTRALITÉ SUISSE

DANS LA SITUATION ACTUELLE DE L'EUROPE.

La déclaration des puissances, du 20 novembre 1815, portant reconnaissance et garantie de la neutralité perpétuelle de la Suisse et de l'inviolabilité de son territoire, quelles que fussent les bonnes intentions des signataires, empruntait aux événements récents et à la situation générale, le vague des interprétations qui devait constituer immédiatement un malentendu entre la sainte alliance et la nouvelle confédération des 18 cantons.

Cette déclaration concernait-elle une nation indépendante, en possession de tous les droits, sans exception, qui appartiennent à un État souverain? ou n'était-elle qu'un bon vouloir, conséquence d'une restauration historique à l'égard d'un petit État qui n'existait que par le bon plaisir de l'Europe et sous son protectorat? Quels étaient les droits et les devoirs de cette neutralité? L'inviolabilité était-elle le droit réel au respect de tous ou une simple phrase de protocole? Imposait-elle à la Suisse le devoir de défendre son territoire, envers et contre tous, les armes à la main? Lui défendait-elle de contracter des alliances? Ses capitulations militaires étaient-elles des liens de cette nature? Enfin, en donnant à cette neutralité perpétuelle l'importance d'une nouvelle définition, pourquoi ne pas dire clairement ce que signifiait cette perpétuité et sa valeur dans le droit public européen? Autrement, en quoi différait-elle de la neutralité conditionnelle qui résulte des conditions de sagesse intérieure exigées ou des neutralités naturelles et limitées; en un mot, était-elle pacifique ou nécessairement armée?

Quelle réponse eussent pu faire les cabinets à ces questions? Que la neutralité, quelque définition qu'on lui donne, ne sera jamais qu'une fiction, tant que les violateurs seront leurs propres juges; que les faibles sont toujours de fait sous la protection des forts; que la neutralité de la Suisse et d'une fraction de la Savoie était surtout une barricade contre la France dans le saillant le plus avancé de la citadelle des Alpes.

Mais, au défaut des cabinets qui gardaient le silence, les partis se sont empressés de répondre et d'éclairer la Suisse. Dès lors, aucune illusion ne lui était plus permise, soit sur la valeur de sa neutralité, soit sur son rôle européen.

Le général Sébastiani, représentant du parti libéral militaire français, s'écrie à la tribune, le 17 juin 1820, *que, dans une guerre sérieuse avec l'Allemagne, la France se verrait forcée d'occuper la Suisse pour se rendre maîtresse des versants du Rhin et du Danube.* — Silence, adhésion ; personne ne prend la parole pour contredire l'orateur dans l'assemblée royaliste.

Peu après, M. de Bonald, publiciste monarchique européen, écrit : *que la Suisse n'était politiquement qu'une agglomération de municipalités qui n'existaient que par le bon plaisir des grandes puissances.*

Rien, il est vrai, dans l'attitude des cabinets, ne justifiait encore les paroles du général non plus que celles du publiciste que Mme de Staël appelait le philosophe de l'anti-philosophie. Ce ne fut qu'après les révolutions de 1821, l'agitation de l'Allemagne et les traités de Leybach et de Vérone, que la position faite à la Confédération fut de plus en plus claire. Il en résulta l'accord complet du parti libéral et du parti aristocratique en Suisse sur la nécessité de ne reculer devant aucun sacrifice pour la création d'une force armée en mesure de sauvegarder la neutralité et l'indépendance du pays.

Une brochure remarquable de M. Pictet de Rochemont, ancien ministre plénipotentiaire au congrès de Vienne, *la Suisse dans l'intérêt de l'Europe,* eut l'assentiment de tous les partis. Il en fut de même d'un ouvrage purement militaire du colonel Vieland, ancien officier des guerres de l'Empire. Berne offrit la plaine de Thoune pour y créer l'école centrale militaire, devenue le West-Point de la Confédération. Le général Dufour y fut le premier professeur; il y resserra le lien du faisceau fédéral par la science et le patriotisme.

On le voit ; malgré le cinquième paragraphe de la déclaration du 20 novembre et les raisonnements de Martens pour établir que la neutralité n'avait été violée en 1815 qu'afin de la mieux respecter plus tard, aucun parti, même celui qui avait plus ou moins favorisé le passage des alliés, n'était rassuré sur l'avenir. Après trois violations, la conscience générale du pays pouvait n'être pas très-nette, et ce qu'il éprouvait à cet égard était une punition méritée. On ne se fiait pas à lui, il doutait des autres et n'était pas bien sûr de lui-même ; on peut le dire hautement, aujourd'hui que l'expérience du passé a profité de manière à rendre le retour aux anciennes défaillances impossible.

Qu'on ne s'étonne pas de l'insistance de la Suisse, à peine reconstituée, à réclamer de bonnes frontières, après un quart de siècle de guerres et de remaniements territoriaux. Rien ne dit mieux dans quel sens elle n'hésitait pas à interpréter les déclarations sur sa neutralité et les obligations qui lui étaient imposées. L'accueil fait à ces réclamations acheva de désillusionner ceux qui s'exagéraient encore ce qui était dû à la Confédération pour sa coopération armée de 1815. En somme, plus fortement politiquement réorganisée, elle ne retrouvait pas les frontières de l'ancien Corps helvétique. Elle perdait la Valteline et Mulhouse, comme nous l'avons dit, en échange d'insignifiantes compensations. On ne lui donna ni ce qu'elle demandait dans le Jura, ni le pont de Constance. La vallée de la Tosa, où descend la route du Simplon, fut rendue au Piémont. Les alliés, qui exigèrent la destruction d'Huningue, laissaient Bâle en quelque sorte sous les feux croisés français et badois. Quant à la neutralisation de la Savoie, assimilée à celle de la Suisse, sans un accroissement de population pour s'y défendre, elle était plutôt un danger, un leurre, à l'extrémité d'une frontière déjà ouverte à la France, de Bâle à Genève, et particulièrement à la porte de cette dernière ville, du fort de l'Écluse à Divonne. La faculté, de couvrir le Valais et la route du Simplon par la défense de la ligne de l'Arve, et celle d'occuper les défilés entre Saint-Gingolph et le Trient, pouvait seule, dans certaines conditions et certains cas, offrir quelques avantages.

Ce qu'on attendait de la neutralité suisse était ainsi bien démontré : il y avait une très évidente bonne intention de mettre un terme à ses longues divisions intérieures, de repousser les prétentions des partis extrêmes et d'appuyer tout ce qui donnerait au nouveau pacte fédéral le caractère du libéralisme modéré de la France constitutionnelle. La belle conduite des régiments suisses au 10 août et après le retour de l'île d'Elbe n'était pas oubliée. On demandait aux Suisses ses héroïques défenseurs des trônes; l'estime pour les qualités militaires nationales se reportait, sinon exclusivement, du moins en toute première ligne, sur les régiments capitulés. On savait que leurs anciens chefs et leurs débris avaient joué le principal rôle dans les glorieux combats d'une lutte désespérée contre l'invasion de 1798. Le passé de milices dont on ne mettait pas en doute la bravoure, promettait peu pour l'avenir, même avec une organisation déjà meilleure depuis l'acte de médiation. On ne décourageait pas la Suisse; on souriait seulement de ses prétentions militaires, et l'on ne croyait pas plus alors, que beaucoup de gens ne le croient encore aujourd'hui, à la possibilité pour elle de créer une véritable armée. On ne lui disait pas : vous ne parviendrez jamais à défendre votre neutralité les armes à la main; vos milices et vos partis tromperont vos meilleures intentions à cet égard; mais, si vous ne reculez devant aucun sacrifice et si vous parvenez à inspirer une confiance générale, tout sera pour le mieux. Faites de votre neutralité de protocoles une neutralité armée, mais bien armée, envers et contre tous ; libre à vous de mettre une réalité, si vous le pouvez, à la place de la fiction d'ordre européen de votre neutralité permanente.

Eh bien ! ce qui paraissait impossible s'est accompli : la Suisse possède une armée parfaitement organisée et suffisante pour le rôle exclusivement défensif qu'elle est appelée à remplir dans un pays de montagnes. Dans la Confédération modérément centralisée et toute pacifiée, on ne saurait donner le nom de partis, avec l'ancienne acception du mot, à d'inévitables divergences d'opinions. Si quelques voix isolées posent timidement la question des alliances, on peut affirmer que l'accord du pays est complet pour la défense de la frontière les armes à la main, qu'il s'agisse de neutralité ou d'une menace quelconque contre son indépendance.

Cette disposition d'union vis-à-vis de l'étranger date de 1820. En même temps que le général Sébastiani et les libéraux effrayaient les vieux partis, M. de Bonald et la Sainte Alliance, après Vérone et Leybach, étaient loin de rassurer le libéralisme Suisse. La révolution de 1830 et le retour des régiments capitulés de Hollande et de France brisaient d'anciens liens monarchiques. Les révolutions cantonnales, en concentrant les passions à l'intérieur, et les évolutions qui se sont opérées partout autour des trônes, ont achevé la rupture des relations individuelles et des communautés de principes. Déjà, dans toutes les occasions, ou les difficultés avec les ministres du gouvernement de juillet ont provoqué des préparatifs de défense, on a pu juger de l'unanimité toujours croissante du sentiment national et particulièrement en 1838. Il en a été de même, avant comme après la guerre du Sonderbund, toutes les fois que la situation de l'Europe et la crainte de conflagrations ont exigé des mesures militaires au point de vue de la neutralité.

Lors du conflit de 1857 avec la Prusse pour Neuchatel, d'anciens officiers supérieurs et de tous grades des services étrangers se mirent à la disposition du département militaire et l'élan fut général pour couvrir la frontière menacée.

On trouverait difficilement un exemple d'erreur, nous ne dirons pas d'ignorance internationale, plus frappant que celui donné par la presse, les partis et les cabinets européens, à l'occasion de la guerre du Sonderbund. La presse et les partis n'y cherchaient que des similitudes politiques et religieuses avec leurs luttes monarchiques, des arguments au service de leur cause ou des leviers à l'usage de leurs passions, qui ne permettaient aucune appréciation juste, impartiale et vraie. Les cabinets, moins passionnés, mais sous l'influence de la situation déjà menaçante de l'Europe, voyaient noir sous le sombre nuage et préoccupés de leurs propres grands intérêts, n'apportaient aux petites affaires de la petite Suisse qu'une attention distraite.

Le paroxysme d'une lutte politique et religieuse ne peut être bien compris qu'autant qu'on remonte, et même très-haut, à ses antécédents historiques. Et particuliérement ici, c'est dans le cœur de l'histoire des treize États souverains de l'ancien Corps helvétique qu'il eût fallu chercher l'origine d'un antagonisme qui date de la première alliance entre les cantons alpestres et les villes, où si l'on veut entre la montagne et la plaine.

C'est du point de départ des intérêts contraires, de cantons aux mœurs pastorales et de villes commerçantes et industrieuses, de démocraties primitives et de républiques aristocratiques, qu'on arrivera au travers des traditions stationnaires d'en haut, des lumières d'en bas, des guerres religieuses et des révolutions modernes, à ce moment inévitable où les tendances de la transformation, d'une confédération d'États, en État fédératif devaient infailliblement briser les derniers vieux remparts de la souveraineté cantonale. Le droit était du côté du Sonderbund; ce quelque chose, auquel MM. de Cavour et de Bismark donneront sans doute un nom honorable plus tard pour l'histoire, était du côté fédéral. En attendant que ce nom soit trouvé, il est permis de donner à une guerre, presque sans effusion de sang, où le vénérable chef de l'armée fédérale était aussi respecté par les dissidents que par ses propres troupes; non-seulement il est permis, mais il faut donner à cette guerre et à la nouvelle constitution qui en est sortie leur véritable caractère : celui d'une solution historique.

Rien ne le démontre mieux que la paix intérieure dont la Confédération jouit depuis dix-huit années, ses progrès intérieurs que ne repoussent aucun des anciens cantons du Sonderbund et l'attitude toute nouvelle que la Suisse a prise au dehors.

Et cependant la solution historique était si peu comprise et ses conséquences si peu prévues, que, si le bouleversement général de 1848, n'y eût mis obstacle, une conférence européenne se réunissait à Besançon pour s'occuper des affaires de la Suisse. Un ministre du trône révolutionnaire de juillet prenait l'initiative d'invoquer les réserves des traités de 1815 pour intervenir dans la réorganisation politique de la Confédération et lui préparer inévitablement, au lieu de dix-huit années de paix, dix-huit années de troubles nouveaux. Cette erreur ne se peut comparer qu'à l'aveuglement de l'éloquent et brillant orateur qui montait à la tribune de la chambre, à la fin de 1847, pour y signaler et montrer du doigt l'orage effrayant dans les montagnes de la Suisse, et ne voyait pas l'abîme à ses pieds.

Les plus clairvoyants dans les troubles de la liberté et les plus indulgents pour elle devraient être ceux surtout qui en ont pratiqué les difficultés et les luttes. Les vainqueurs et les vaincus du Sonderbund ont eu cette indulgence les uns pour les autres. La constitution de 1848, franche de toute intervention étrangère, est une transaction modérée, exempte de toute exagération. La vieille expérience républicaine a trouvé dans la constitution des États-Unis d'Amérique un modèle éprouvé qu'elle a modifié par quelques dispositions essentielles, particulièrement en ce qui concerne le pouvoir exécutif et les pouvoirs presque dictatoriaux du président de l'Union.

Une des conséquences de la transformation d'une confédération d'Etats, en État fédératif, dut être d'y chercher aussitôt des garanties nouvelles pour la neutralité et la complète émancipation de l'indépendance. La réorganisation politique fut immédiatement suivie d'une nouvelle organisation militaire, qui réalisait ce que les hommes spéciaux réclamaient depuis longtemps. La centralisation et le budget fédéral ont permis à la Confédération de prendre à sa charge, indépendamment des rassemblements de troupes, l'instruction des armes spéciales, et de donner une impulsion générale à toutes les branches du service. Il en est résulté une organisation militaire exceptionnelle, par cela même difficile à comprendre au dehors. Elle est due à l'esprit et aux traditions militaires de la nation ; à la manière dont chaque citoyen est habitué à remplir ses devoirs sans reculer devant aucun sacrifice ; au sentiment, qu'au défaut d'une armée permanente, une armée nationale exclusivement destinée à la défense de la patrie impose à tous les obligations les plus sérieuses. L'aisance, la vie de famille, donnent des loisirs pour l'instruction d'officiers qui n'attendent du pays d'autre récompense que les moyens de s'y faire une place utile et honorable. La science militaire théorique est aussi fort au-dessus de ce qu'elle a jamais été dans une armée de milices. L'armement de l'infanterie ne laisse rien à désirer. L'artillerie est au niveau de tous les perfectionnements modernes. On en peut dire autant de l'administration et des services sanitaires. La pente est plutôt maintenant vers l'exagération. La réduction des dépenses militaires des petits États dépend du désarmement et de la situation générale de l'Europe. On peut juger de l'augmentation de ces dépenses pour la Suisse depuis 48 ans, par les chiffres que voici :

En 1813, l'armée fédérale comptait à peine 13,000 hommes ; 1817, 30,000 ; 1831, 69,000 ; 1850, 104,000 ; aujourd'hui de 150,000 à 190,000 depuis que l'organisation des landwehrs est vigoureusement poussée. En 1850, sans remonter plus haut, les dépenses à la charge seulement de la Confédération étaient de 909,900 fr. Elles peuvent s'évaluer aujourd'hui à près de 4 millions. Les dépenses à la charge des cantons sont de 6 millions, soit un total de 10 millions. La transformation des armes et les routes stratégiques des Hautes-Alpes grossissent ce chiffre, exceptionnellement il est vrai; mais d'un autre côté, il faut porter au compte général et les journées de travail perdues et les dépenses des militaires hors de chez eux.

Il est donc temps, qu'au point de vue européen de la neutralité, de tels sacrifices portent leurs fruits. Quand la guerre parut imminente en 1831, la neutralité permanente n'empêcha pas la Suisse de rappeler cette neutralité au souvenir des puissances. Cette déclaration fut froidement accueillie. En 1840, une déclaration pareille fut reçue avec la même froideur. Il n'en a pas été de même en 1848; on lui sut gré de la neutralité rigoureuse qu'elle observa et de sa résistance énergique à quelques entraînements. Un conflit de l'Autriche avec le canton du Tessin, à la suite du complot de Milan, n'eut pas les conséquences prolongées qu'il aurait eues précédemment. Dans le conflit de 1857 avec la Prusse, lorsque l'Empereur Napoléon vint en aide à la Suisse de la manière la plus amicale et la plus heureuse, aucune puissance n'intervint dans le sens contraire, et la rapidité des mesures défensives sur le Rhin fut généralement remarquée. Enfin, en 1859, la déclaration de neutralité reçut le meilleur accueil. Le Conseil fédéral ne mit sur pied que les troupes strictement nécessaires, qui rendirent aux belligérants, quelques bons services de frontières, entre autres l'internement de la garnison autrichienne de la forteresse de Laveno sur le lac majeur (1). Au début de la guerre actuelle, les puissances belligérantes

---

(1) Commandant la brigade suisse qui occupait Locarno et Magadino, nous avons fait avec le commandant autrichien, une convention dont nous donnons plus loin la traduction. Les pièces de cette nature sont si rares qu'on en trouverait difficilement une pareille; celle-ci ne manque pas d'opportunité dans les circonstances actuelles où tout ce qui fait sortir la neutralité des limbes a son intérêt. (Voir p. 85.)

et autres ont répondu à la déclaration de la Suisse en termes également bienveillants.

C'est dans ces conditions, toutes nouvelles au dedans et au dehors, que la Confédération est en mesure de défendre aujourd'hui sa neutralité et l'inviolabilité de ses frontières du Jura, du Rhin et des Alpes.

Un élément de force à l'appui de la solution historique, se trouve encore dans la suppression des capitulations militaires. Elles avaient fait leur temps. L'article 11 de la constitution de 1848 les supprime sans défendre le service individuel dans les armées étrangères. C'est à ce titre, qu'à l'expiration des traités on a vu des troupes suisses quelques années encore au service de Naples. Il est aussi injuste qu'il est aisé de condamner les institutions du passé avec les idées du temps présent, et plus injuste encore à une génération d'oublier ce qu'elle doit à ses devancières. Avant de rougir deux dernières fois les marches des Tuileries et du Louvre, le sang des Suisses, versé sur tous les champs de bataille de la France, avait puissamment contribué à sa grandeur et à l'unité dont elle est fière. La Suisse moderne elle-même a trop oublié qu'elle doit à ses capitulations le respect de sa neutralité pendant plus de deux siècles, son indépendance peut-être, la tradition de son esprit militaire et le renom d'honneur et de fidélité au drapeau qui lui restera comme une de ses gloires les plus pures.

Depuis 1848, deux armées longtemps séparées, celle des capitulations et celle des milices nationales, ont fait leur jonction sur le sol de la patrie; elles y confondent leurs rangs pour tenir à deux mains le drapeau fédéral et le défendre avec la même énergie. L'état-major fédéral, très-remarquable par l'instruction supérieure et qui a toujours compté des officiers revenus des services étrangers, a fait de nouvelles excellentes acquisitions.

L'armée suisse qui peut être aussi rapidement mobilisée qu'une armée permanente comptait en 1865 : élite de toutes armes 86,393 hommes ; réserve 47,320; landwehr aussi de toutes armes 64,569; état-major fédéral 662 ; armuriers et personnel sanitaire 383: total 199,336 hommes. En 1864, 119,678 hommes avaient été appelés aux écoles, rassemblements de troupes et service actif. L'artillerie peut atteler 200 pièces qui forment avec les batteries de position un total de 428 bouches à feu. Les pièces de montagnes, les chevalets de fusées, les voitures de guerre et les équipages de pont, s'y trouvent dans les proportions nécessaires.

Ces moyens de défense donnent au rôle géographique et stratégique de la Suisse une valeur toute nouvelle qui sera facilement comprise.

III

La géographie a fait les mœurs et l'histoire de la Suisse. Qu'on suppose une plaine, ou même un plateau simplement accidenté, à la place de ses montagnes, elle ne serait probablement pas aujourd'hui le petit État indépendant, seule exception républicaine restée debout sur les ruines du moyen-âge. L'isolement des hautes vallées, la simplicité des mœurs furent le point de départ de l'indépendance des trois peuplades alpestres qui formèrent, pour leur commune défense, le lien des trois cantons primitifs. Retranchées dans une forteresse naturelle, elles s'y défendirent avec le succès qui étendit de plus en plus le cercle de l'indépendance aux villes et aux grandes vallées. Les mêmes conditions, plus ou moins défensives, l'anarchie féodale et la lutte entre l'Empire et les grands feudataires, achevèrent de former le faisceau de petites souverainetés qui devint la Confédération Suisse, après avoir donné à l'histoire moderne une épopée aussi héroïque que celle des Thermopiles et de Marathon.

La géographie a si bien caractérisé le rôle politique et militaire de l'Helvétie, que César et Napoléon le comprirent de la même manière dans le monde antique et moderne. César vit dans la haute chaîne des Alpes Pennines, Centrales et Grises, un rempart pour l'Italie contre les Germains. Napoléon vit dans les mêmes Alpes un rempart contre l'Europe coalisée, et dans la neutralité suisse une défense pour la frontière française alors la plus faible. Le protecteur de la Confédération du Rhin ne fut que le médiateur de la Confédération Suisse. Au faîte de sa puissance, le grand capitaine des temps modernes respectait la susceptibilité d'une nation qui s'est fait sa place sur la carte de l'Europe les armes à la main, qui devait à l'épée son indépendance et le respect de sa neutralité depuis deux siècles, qui donnait 19,000 hommes à ses armées et à laquelle il confiait la garde d'une des portes de la France.

Les Suisses, après avoir charpenté à grands coups d'épées et de hallebardes, les premières solives de l'équilibre européen par la destruction de Charles le téméraire et les victoires de Feldkirck et de Dornach dans la guerre de Souabe, maîtres des versants italiens des Alpes et bien près de l'être du Milanais, arrêtés à Marignan par François Iᵉʳ, autant par nécessité que par sagesse, renoncèrent aux conquêtes, se renfermèrent dans leurs frontières des Alpes, du Jura et du Rhin, et dans le rôle que leur avait si naturellement assigné la géographie. La paix de Westphalie, en brisant les dernières attaches qui les liaient à l'Empire, par la juridiction des chambres impériales, a consacré pour le nouvel État souverain ce même rôle de neutralité continentale. L'invasion de 1798 et le théâtre de la grande guerre transporté dans les Hautes-Alpes ont fait mieux que de consacrer le rôle traditionnel. Les campagnes de 1798 et de 1799 n'ont plus permis aucun doute sur l'avantage éphémère d'une occupation de la Suisse en offensive et l'incontestable faute commise par le Directoire.

Tout a été dit et bien dit sur cette question. L'archiduc Charles, le général Jomini, M. Thiers, s'accordent à reconnaître qu'en 1798 et

1799, la Suisse respectée et laissée en dehors du théâtre de la guerre, eût évité aux armées en présence les péripéties d'opérations incertaines, dangereuses, sanglantes et sans résultat. Nous renvoyons le lecteur à des écrits qui sont dans toutes les mains. Quant à l'avantage de saillants stratégiques tels que Schaffouse et le Simplon, pour un simple passage, il est incontestable ; mais du moment où ces violations de la neutralité ne s'achètent qu'au prix de sanglants sacrifices, elles perdent toute leur valeur et donnent un ennemi de plus à l'assaillant. Avec le télégraphe et les communications rapides, les surprises sont impossibles aujourd'hui. Le passage du Saint-Bernard est d'une autre époque. Une armée dans les mêmes conditions, forcée de se frayer un chemin les armes à la main, perdrait un temps irréparable.

Le prisonnier de Sainte-Hélène reconnaît aussi que l'occupation de de la Suisse fut une faute du Directoire. Il était alors en Égypte. Dans sa campagne de 1796 contre Würmser et Alvinzi, il apprit avant ses contemporains, que la grande guerre de montagnes renversait plusieurs des principes fondamentaux admis jusqu'alors. Moreau en 1800 opéra en offensive par la forêt noire et la rive droite du Rhin. L'Empereur Napoléon, en 1805 et 1807, respecta la neutralité de la Suisse malgré l'avantage de deux ou trois débouchés.

Nous n'avons pas à revenir ici sur les arguments fournis à d'illustres écrivains par la mémorable campagne où des hommes tels que Masséna et Souwaroff luttèrent d'habileté et d'énergie. Les principes de la guerre de montagnes sanctionnés par eux, entrevus par le prince de Rohan, posés par le général Lecourbe, sont devenus des axiômes pour tous les militaires éclairés.

Ceux de ces principes qui sont inhérents à la géographie stratégique, n'ont subi que peu de modifications par les chemins de fer, la télégraphie instantanée et le perfectionnement des armes de guerre. Ils restent les mêmes dans les modifications amenées sur les frontières helvétiques par le royaume d'Italie et l'annexion de la Haute-Savoie à la

France. Avec la création d'une nouvelle puissance militaire, en possession de nouveaux débouchés dans les Hautes-Alpes, les avantages de passages pour atteindre l'ennemi, intéressent seulement un belligérant de plus. L'Italie entre en scène au même titre que la France et l'Autriche. Pour cette dernière puissance, la zone stratégique qui renferme les vallées du Danube et du Pô, conserve sa double importance, tant qu'elle reste en possession du quadrilatère et de la Vénétie. Mais les Italiens, maîtres de la Lombardie et du pied des Alpes jusqu'aux sources de l'Adda et du Mincio, ont pris contre leur ennemi un avantage marqué sur ce vieux théâtre de tant de guerres.

L'annexion de la Haute-Savoie aurait pour la France plus d'importance relativement à l'accès dans la vallée du Pô, si le Mont-Cenis ne lui en ouvrait pas déjà une des grandes portes. Toutefois, elle y trouverait certainement plus de facilités pour un accès dans la Haute-Lombardie par le Simplon, sans la neutralité suisse.

On voit, sur la carte n° 11, que les trois nationalités allemandes, françaises et italiennes, ont des frontières jaunes, bleues et rouges de la même étendue, à quelques kilomètres près. La Suisse, laissée en blanc, figure un obstacle infranchissable dans la zone intermédiaire entre celles du Rhin et du Pô. Sur l'échiquier des guerres de la République et de l'Empire, lorsque le théâtre de la guerre s'étendait de la Baltique au golfe de Naples et de Cadix au Kremlin, les trois zones secondaires représentées sur cette carte, par le quadrilatère Theresienstadt, Mayence, Nice et Ravenne, formaient la zone centrale de l'Europe, où le quadrilatère Lintz, Bâle, Genève, Leybach, renferme à son tour le grand contrefort des Alpes helvétiques.

Le but de cette carte est donc de démontrer, que la zone alpestre, point culminant et central de l'échiquier stratégique européen, considérée comme infranchissable et inviolable, loin de porter préjudice, aux intérêts des belligérants leur devient à tous d'un incontestable et puissant avantage.

En nous référant aux antécédents historiques contemporains, l'occupation de la Suisse en offensive de 1798 et ses conséquences suffiraient à la démonstration. Mais ces questions, dont l'étude semblait devoir être abandonnée et n'appartenir qu'à l'histoire, sont presque devenues étrangères à la génération actuelle. On a pu juger par les idées de quelques orateurs des nouveaux parlements européens et celles aussi récentes de plusieurs écrivains politiques et militaires sur le rôle stratégique de la Suisse et sa neutralité, qu'il n'est pas inutile d'éclairer l'opinion à cet égard. Si les tristes épisodes, également contemporains des violations de la neutralité, permettent de croire qu'il pourraient se renouveler, il est également utile, au point de vue de l'épargne du sang humain, de répéter le plus haut possible qu'un passage quelconque au travers de la Suisse ne serait favorisé aujourd'hui par aucun parti et qu'il coûterait des sacrifices hors de toute proportion avec ses douteux avantages.

Lors même que la zone Leybach-Klagenfurth-Willach-Botzen-Inspruck-Landeck, base autrichienne contre l'Italie, embrasse une grande partie de la zone alpestre Suisse-Tyrol, sur les sept voies pour descendre sur le théâtre de la guerre, deux, le Stelvio et le Tonale, permettent de menacer le flanc gauche et le revers d'une armée italienne qui se porterait sur le Mincio, sans tentation pour les Autrichiens d'emprunter les passages suisses.

Le théâtre actuel de la guerre en Allemagne, pour entrer dans notre sujet, est trop éloigné de la zone des Alpes. Nous espérons qu'il ne s'en rapprochera pas et nous faisons des vœux pour que l'Europe échappe à une conflagration. Toutefois, dans l'incertitude, notre démonstration théorique n'est pas sans intérêt et c'est assez pour justifier quelques développements.

Nous pourrions nous dispenser d'ajouter que la carte n° 2 n'est qu'un échiquier sur lequel les trois intérêts belligérants pourraient être aussi bien représentés par les lettres X Y Z ou les trois couleurs, que par leurs noms de France, Autriche, Italie. Il s'agit simplement de stratégie, même très-peu savante, à la portée de chacun.

Pour être bref et clair, voyons successivement les trois intérêts.

IV

FRANCE. — De Bâle à Genève et de Genève au Mont-Blanc, la Suisse couvre soixante et dix lieues des frontières françaises. Malgré Langres, Besançon, Belfort, les forts de Joux, de l'Écluse et le fort tout récent et plus important des Rousses, cette frontière du Jura, bien que considérablement renforcée depuis 1815, reste la plus faible de la France. De Nice à Genève, la France est couverte par la puissante barrière des Alpes maritimes et leur chaîne prolongée. De Bâle à Dunkerque, le Haut-Rhin et une triple ceinture de forteresses la protégent au point de vue surtout de l'ancien système de défense des États.

Quand la France est menacée, la frontière intermédiaire du Jura, sans ouvrir un chemin aussi direct sur Paris que celui des vallées de la Seine et de l'Aisne, ferme l'accès des vallées de la Saône et de la Loire. La neutralité suisse a puissamment servi la France dans la guerre de succession et au début de la Révolution avant le 10 août. Au lieu des deux violations de 1813 et 1815, qu'on suppose une énergique défense de la neutralité à cette époque; elle n'eût empêché ni les deux entrées des alliés à Paris, ni Waterloo; mais elle eût contrarié la marche des Autrichiens sur Besançon, Langres et Lyon. Le Valais étant département français en 1813, ainsi que Genève, les armées autrichiennes ne rencontrèrent aucun obstacle alors, pas plus qu'en 1815 au Simplon. Aujourd'hui ce passage important est gardé par la Suisse contre un ennemi de la France. Sans méconnaître que les travaux défensifs de cette puissance sur sa frontière de l'est depuis 1815 ne devinssent d'un grand secours à une armée, qui, faisant front du côté de la Suisse, appuierait sa gauche à Langres et sa droite à Lyon devenue une place de premier ordre, toujours est-il qu'une complète sécurité sur la neutralité suisse permettrait de réduire les forces de l'armée dont nous venons de parler, pour les employer beaucoup plus utilement ailleurs.

Voilà pour la défensive. Passons au rôle de la Suisse en offensive et base d'opérations dans les conditions des guerres actuelles.

Guerre entre la France et l'Allemagne, ou si l'on veut couleur bleue et couleur jaune de la carte n° 2. Attaque dans deux directions. Par le Bas-Rhin, en s'emparant de la rive gauche pour opérer dans la zone correspondante; par le Haut-Rhin, en opérant dans la zone n° 1 de la carte, zone qui commande la vallée du Danube et ouvre le chemin de Vienne.

C'est le cas de remarquer que de Dunkerque à Bâle, la neutralité de la Belgique ferme presque la moitié de la frontière de la France, et, prise au sérieux, ne permet pas l'accès de l'importante vallée de la Meuse à une armée française. En retour, au même titre sérieux, cette neutralité, couvre Paris de toute l'étendue de cette même frontière. En admettant le respect de cette neutralité par tous les belligérants la base d'opérations d'une armée française, étant réduite de moitié dans cette zone, l'attaque sera naturellement poussée sur le Sud de l'Allemagne ; au Nord , Mayence, Coblentz, Luxembourg, seraient seulement investis.

L'Allemagne aussi a fortifié sa frontière du Haut-Rhin depuis 1815. Une armée française trouverait la défense allemande, appuyant sa droite sur Mayence, Germersheim, Landau, son centre sur Rastadt et sa gauche sur Ulm. Le chemin de fer badois parallèle à la frontière serait d'un grand secours, pour la défense, contre la surprise d'un passage du Rhin. Avec l'étroite base de Strasbourg à Bâle, les lignes d'opérations se rencontrent sous des angles si faibles qu'il est bien difficile d'entamer la haute Souabe avant que Rastadt ne soit tombé.

Il saute aux yeux qu'une armée française entrant en Suisse pour déboucher à Schaffouse sur le flanc et les derrières de l'armée allemande y ferait une puissante diversion. C'est l'avantage des passages que nous ne contestons pas. Mais qu'arriverait-il ? une résistance sanglante à la frontière suisse, assez longue dans tous les cas, pour permettre au général allemand, aussitôt averti, de porter des forces sur le point menacé. La neutralité violée donnerait un ennemi de plus à la France qui perdrait toute sécurité sur sa frontière de Bâle à Genève en cas de revers.

Jusqu'à présent, la vallée du Pô a joué un rôle important dans les guerres entre la France et l'Autriche. Nous tenons la question de l'occupation de la Suisse, en offensive par la France, comme base d'opérations contre l'Autriche, pour résolue par ce qu'ont écrit, de plus autorisés que nous, sur les campagnes de 1798 et de 1799. On sait ce que l'occupation du Rhin supérieur et des Grisons a failli coûter à Masséna. Le général en chef put se convaincre, avec Lecourbe et des hommes de guerre, tels que Gudin et Molitor, que la possession des sources, dans les profondes et longues vallées de montagnes gigantesques qui changent surtout les conditions des lignes transversales pour opérer sur le front de l'ennemi, fut loin d'amener les résultats qu'on s'était promis, si cette possession n'en amenait pas de contraires.

Dans la guerre d'Italie en 1859, non-seulement les routes des Basses-Alpes et du Mont-Cenis étaient ouvertes à la France, mais un fait de guerre nouveau s'est produit pour cette campagne comme déjà dans celle de Crimée : le rôle important de la marine à vapeur. Qu'on suppose les passages du Mont-Cenis, du Mont-Genèvre et autres, fermés en 1859 par une initiative du général autrichien, la flotte française eût toujours rendu plus de services à la France que les passages du Saint-Bernard et du Simplon. L'Alma a démontré qu'on opère un débarquement au besoin aujourd'hui en face de l'ennemi.

V

ALLEMAGNE. — Il n'est question ici ni de l'ex-Confédération germanique, ni de ce qu'elle est devenue ou deviendra, mais uniquement du pays allemand figuré par la couleur jaune et représentant un des trois intérêts stratégiques. C'est toujours l'Autriche occupant la première place vis-à-vis de la France, et seule vis-à-vis de l'Italie.

La neutralité suisse est de la plus haute importance pour l'Allemagne dans une guerre défensive sur le Haut-Rhin. A ce que nous avons dit plus haut d'une diversion française par Schaffouse, il est facile de juger par la frontière germanique de Bâle aux sources de l'Adige, qu'une armée française, sans faire de la Suisse une base d'opérations, mais en y cherchant seulement des passages pour tourner le Tyrol, se rapproche par la vallée du Danube du grand objectif de Vienne dans des conditions incomparablement meilleures que celles de l'armée allemande qui traverse la Suisse, sans menacer ni le cœur ni la capitale de la France. Depuis le traité de Zurich, le Simplon a perdu pour l'Autriche presque toute son importance. Rassurée par la neutralité Suisse, elle n'eut pas à se préoccuper de ce passage dans sa défense de la Lombardie. En poursuivant l'hypothèse de l'Allemagne jaune de notre carte, il est évident que l'Autriche rassurée sur sa frontière Suisse peut disposer de plus de forces au nord et au midi ; c'est ce qu'elle fait dans ce moment.

Dans l'offensive, avant 1815, les stratégistes autrichiens s'étaient persuadés qu'il fallait traverser la Suisse pour se porter dans la haute Bourgogne et sur le plateau de Langres. Vieille erreur que celle de prétendre tirer avantage de quelques milliers de pieds de hauteur pour dominer les vallées de la Marne et de la Seine. Malgré les expériences de 1799 et de 1813, on n'était pas encore revenu à des idées plus saines en 1815. Les généraux de l'armée de Silésie furent mieux inspirés en marchant droit sur Paris. L'offensive de l'Allemagne, quelles que puissent être ses bases et ses lignes d'opérations, qu'elle respecte ou ne respecte pas la Belgique, a le plus grand intérêt à ce que la Suisse inviolable couvre le flanc gauche de son armée.

Une offensive avec la Suisse pour base d'opérations n'est pas même discutable. Forcée, en pareil cas, à se tenir sur la défensive au nord, sa défense sur le Rhin moyen ne pourrait s'appuyer qu'en arrière du fleuve sur les places de Coblentz et de Cologne, en abandonnant une partie des provinces rhénanes : devant l'armée d'invasion, le Fort-de-l'Écluse, les Rousses, Besançon, Belfort, Langres ; derrière elle, la Suisse ennemie à la suite de la violation de sa neutralité (1).

VI

ITALIE. — Notre hypothèse ne peut s'appliquer ici qu'à la couleur rose de notre carte. Nous y voyons l'Italie unie, nation militaire, et, si l'on veut, nouvelle et grande puissance. A ce titre, elle exige deux suppositions. La première est la guerre actuelle avec l'Autriche pour lui arracher le fragment jaune de la zone III ; la seconde serait une guerre avec la France.

Défensive et offensive contre l'Autriche.

L'armée italienne appuie sa droite à l'Adriatique, où sa flotte menace Venise, et sa gauche aux versants des Alpes. On a vu plus haut la base et les lignes d'opérations autrichiennes. La communication entre

(1) Le colonel H. Wieland.

la Valteline et le Tyrol par la haute vallée de l'Adda, la plus séduisante pour les diversions des belligérants, n'emprunte pas le territoire suisse. Il n'en est pas de même de la communication entre **Finstermutz** et Chiavenna par la vallée de l'Inn. Cette haute vallée et son col, faciles à défendre par les troupes suisses, rentre dans les conditions des passages trop chèrement achetés pour les tenter, et celui-ci plus particulièrement encore. La neutralité suisse, qui le ferme, rend d'ailleurs un double service, et surtout aux italiens sur la défensive. Il est inutile de pousser plus loin cette hypothèse des passages par le Splugel ou le Saint-Gothard, passages que la Suisse peut rendre infranchissables en quelques heures.

En supposant l'Italie secourue par la France, une armée française traversant la Suisse pour pénétrer dans le Tyrol y ferait certainement une diversion puissante. Mais en choisissant le moins alpestre des passages, celui de l'extrémité sud du lac de Constance c'est, avec la résistance de la Suisse, le même raisonnement que dans une guerre où l'Italie ne serait pas mêlée.

Pour l'offensive, l'armée italienne peut attaquer le quadrilatère de deux côtés, et par une attaque de front : au sud, par une attaque sur le Pô inférieur et les côtes de l'Istrie ; au nord, par une attaque à travers la Suisse et le Tyrol. La bataille du 24 juin, après le passage du Mincio, est un épisode malheureux pour les italiens, d'une attaque de front, sans doute combinée avec des mouvements qui ne sont encore ni connus ni expliqués à l'heure où nous écrivons. Un corps autrichien est descendu dans la Valteline sans toucher au territoire helvétique.

La Suisse fermée gêne certainement l'Italie ; mais elle prévient aussi une offensive autrichienne, et, en cas de revers, elle protége puissamment la gauche italienne dans les hautes vallées les plus propres à prolonger sa résistance.

Enfin, en admettant que l'Italie soit en possession du quadrilatère et de Venise, la neutralité suisse couvre le flanc gauche des italiens et forcerait l'Autriche à son tour à une attaque de front contre le quadrilatère.

Défensive de l'Italie dans une guerre avec la France.

Ici, le puissant avantage pour l'Italie de la neutralité suisse se passe de démonstration. L'armée italienne dirige toutes ses forces sur les trois passages ouverts à la France dans les Hautes et Basses-Alpes. Elle a son littoral à garder, et la mer devient pour les belligérants un théâtre de la guerre plus ouvert et plus important que les montagnes de la Suisse.

Nous n'en dirons pas davantage. C'est assez pour appliquer, à toutes les combinaisons des guerres localisées ou générales, l'intérêt des trois couleurs. Nous croyons avoir clairement démontré également l'intérêt européen à l'inviolabilité du territoire helvétique. Si les chemins de fer ne modifient qu'insensiblement les principes généraux de la stratégie, ils n'en exercent pas moins, dans certains cas, une influence marquée sur les grandes opérations, comme on vient de le voir en Allemagne. Ils serviraient mieux les armées aujourd'hui pour la rapidité des mouvements que des passages alpestres.

VII

Nous pourrions, à la rigueur, nous dispenser de nous étendre ici sur la défense de la Suisse par elle-même. Quelques mots sont cependant nécessaires, autant pour le complément de l'hypothèse stratégique générale que pour faire bien comprendre, ce qui n'est pas inutile encore, tout ce qu'un pays de montagnes offre d'exceptionnel pour la guerre défensive à une armée de milices organisée comme l'est maintenant l'armée suisse.

La carte n° I représente le quadrilatère stratégique helvétique et le triangle, dont la neutralisation de la Savoie formait l'angle aigu (1). On voit, par le saillant de ce triangle jusqu'au mont du Chat, l'intention fort claire du Congrès de Vienne et l'excentricité de ce territoire hors des frontières naturelles de la Confédération, à moins d'y comprendre la possession de la vallée moyenne du Rhône tout entière. La Suisse géographique appartient, au grand bassin supérieur du Rhin, sauf les trois fractions qui se relient aux bassins du Rhône, du Tessin-Pô et de l'Inn-Danube. Le triangle est plus offensif et exige beaucoup plus de forces défensives que le quadrilatère, plus simple, plus logique, plus concentré et plus proportionné aux moyens de défense de la Confédération.

Le côté est, Rheineck-Bellinzona est déterminé par le Rhin supérieur et renferme le nœud du Saint-Gothard, où le Rhin, le Rhône, le Tessin, l'Aar et la Reuss prennent leurs sources. Le côté sud, Bellinzona-Genève offre la double défense de la partie la plus inaccessible des Alpes pennines centrales et bernoises. La haute vallée du Rhône, parallèle à la frontière, peut être envahie par le Simplon ou le Saint-Bernard, sans donner à l'ennemi un notable avantage jusqu'au lac Léman. Le côté Genève-Bâle est tracé par le Jura, la plus faible des frontières de la Suisse. Le côté Bâle-Rheineck n'est autre que la ligne du Rhin et du lac de Constance.

Si l'on considère le Rhin et le lac de Constance, de Bâle à Rheineck, comme des obstacles continués à l'est et au sud encore par le Rhin supérieur et par l'enceinte gigantesque des grandes Alpes qui s'étend jusqu'à la Haute-Savoie, la citadelle suisse représente assez bien un ouvrage ouvert à la gorge du côté de la France Cette disposition géographique

---

(1) Voir pour les questions stratégiques en général et celle de la Suisse en particulier, les écrits du général Jomini, de l'archiduc Charles, du général Mathieu Dumas, du général Dufour, de M. Thiers, du général Lecourbe, de M. Pictet de Rochemont, et des deux colonels Wieland, particulièrement, et du lieutenant-colonel fédéral Lecomte.

ne change rien du reste au système général de défense. Ce système ne saurait être autre que le choix, selon les circonstances, des positions situées entre la Sarine, l'Aar, la Limmat, la Reuss, le Rhin et les Hautes-Alpes.

Le réduit de la forteresse est naturellement indiqué dans les positions, en quelque sorte inexpugnables, du nœud du Saint-Gothard, fermées par le lac de Lucerne. Nous n'avons pas à préciser ici davantage, et, comme rien n'est plus facile que la stratégie sur le papier, nous ferons seulement observer qu'il en est tout autrement dans la pratique; ce qui paraît très-simple en théorie l'est beaucoup moins dans l'application.

La défense du pays se trouvait si bien dans ses fortifications naturelles qu'au milieu de constants efforts pour l'organisation défensive, les fossés et les bastions des villes les plus importantes, creusés et élevés jadis à grands frais, ont été détruits depuis 1815. Genève pivot stratégique, Bâle clef du Rhin, Zurich tête de pont sur la Limmat et le lac, sont maintenant des villes ouvertes. Les éventualités de la guerre ont été d'autant plus facilement sacrifiées aux commodités de la paix que le rôle amoindri des places de guerre, et surtout des places excentriques, s'accorde avec les principes actuels appliqués à la défense des États.

D'un autre côté, autant pour fermer les points les plus menacés que pour donner des gages d'impartiale neutralité envers et contre tous, des ouvrages de défense ont été élevés ou sont en voie d'exécution à Saint-Maurice dans le Bas-Valais pour couvrir le Simplon, à Arberg pour couvrir Berne, à Bellinzona pour fermer la bifurcation des routes du Saint-Gothard et du Bernhardin. Enfin, la position déjà forte du Luziensteig, prise et reprise dans la guerre de 1799, a été considérablement renforcée. Cette position fut toujours considérée comme une des clefs, dans la haute vallée du Rhin, de la communication entre le Voralberg et la haute Italie. Le voisinage de la forteresse autrichienne de Feldkirck lui donne une importance particulière. Parmi ces défenses artificielles, dans lesquelles il faut voir une démonstration matérielle de neutralité armée, celle destinée à fermer le passage du Simplon à Saint-Maurice, a perdu beaucoup de sa valeur, depuis l'annexion de la Haute-Savoie à la France. Quelques ressources que puissent offrir, pour la défense, des passages tels que ceux de la Tête-Noire et du col de Balme, Martigny est trop menacé pour conserver à Saint-Maurice son ancienne valeur défensive. C'est le point le plus fondé des réclamations du Conseil fédéral, après l'annexion, particulièrement au point de vue de l'impartiale neutralité.

Dans les pays de montagnes où abondent les positions, c'est l'embarras du choix et d'un bon choix qui est difficile. Il s'agit moins pour le général en chef de beaucoup de science que d'un grand bon sens et surtout de bien saisir la situation que lui fait l'agresseur pour lui opposer, dans les meilleures conditions possibles, les difficultés naturelles du sol et les aptitudes particulières d'une armée de milices suisses : ainsi, l'aptitude générale au tir, la mobilité favorisée par les unités tactiques des règlements fédéraux; en un mot tout ce qui est de nature à compenser l'inévitable infériorité manœuvrière de son armée. C'est dans l'application des vrais principes, bien compris, qu'il cherchera ce que la médiocrité présomptueuse ne trouve jamais.

A moins de supposer un accord européen pour rayer la Suisse de la carte de l'Europe, elle ne sera jamais attaquée de tous les côtés et le seul cas, que nous puissions admettre, celui d'une violation de la neutralité, ne menace qu'un ou quelques points de la frontière. Quelle que soit cette frontière attaquée, sans beaucoup manœuvrer sur la ligne ou les lignes intérieures, corde de l'arc, il sera toujours facile de lancer des forces suffisantes sur les points menacés. Au point de vue de la neutralité et de la nécessité de faire acte de vigoureuse résistance aux portes du pays, le général suisse, en condamnant en principe le système des cordons, trouvera la combinaison mixte qui liera le plus heureusement le système condamné aux concentrations de ses forces. Celles-ci seraient plus que suffisantes au besoin aujourd'hui, pour repousser une agression qui coûterait, dans tous les cas, trop cher, comme nous l'avons dit, pour être tentée. Quant à l'invasion de la Suisse dans un but plus menaçant encore pour elle, nous n'abordons pas une pareille hypothèse. Nous dirons seulement que nous appelons de tous nos vœux un progrès dans le droit des gens qui rassure, non-seulement la Suisse, mais tous les petits États contre de pareilles inquiétudes.

VIII

La Confédération Suisse ne court aucun danger maintenant, ni pour sa neutralité, ni pour son indépendance. Elle n'a jamais été dans une meilleure position à cet égard. Les seuls dangers qui pourraient la menacer sont ceux qui viendraient d'elle-même.

La Confédération n'a encore résolu que la première partie d'un programme ou d'un problème social très-neuf et très-difficile. Elle possède la paix intérieure avec les libertés illimitées des institutions républicaines les plus démocratiques. Il lui reste à ne pas glisser beaucoup plus bas sur la pente où se sont perdues jusqu'à présent toutes les démocraties antiques et modernes; et, ce qui exige plus de prudence encore, elle doit vivre dans son exception républicaine en assez bons rapports avec les monarchies qui l'entourent, pour ne leur donner ni occasion ni même prétexte de modifier leurs bonnes dispositions à son égard.

Depuis 1848, l'ordre intérieur et la prospérité règnent en Suisse sans pouvoir exécutif dictatorial, sans armée permanente, sans police, sans prohibitions, sans lois répressives, en quelque sorte sans budget comparable à ceux d'autres pays, avec l'exercice de toutes les libertés illimitées, y compris celle de la presse. Tout cela mérite quelque estime. Cet exemple républicain ne saurait être, du reste, ni dangereux ni contagieux. La liberté pratique, très-différente de la liberté théorique, s'achète au prix de sacrifices, de dévouements et de modesties égalitaires, auxquels peu de personnes se prêteraient aujourd'hui hors d'un pays de mœurs et d'habitudes républicaines séculaires. L'inévitable tendance des États fédératifs à se centraliser de plus en plus est la grosse question de l'avenir; elle n'est pas mure encore. Il faut reconnaître aussi que l'ordre intérieur est facile, là où rien ne résiste plus. La vrille des idées de 1789 est arrivée en Suisse au tuf; elle ne saurait mordre sur la propriété tellement divisée qu'elle est inattaquable. Le vote universel, à cheval sur la liberté débridée de la presse, se brise avec elle contre le même rocher. Le problème de cette liberté de la presse, lance ou flèche, qui guérissent les blessures qu'elles ont faites, est résolu dans la Confédération. La vérité s'y fait jour dans le pour et le contre; le bon sens et l'honnêteté triomphent au profit de la conciliation; le canton de Genève vient d'en faire l'expérience. C'est très-bien pour les affaires intérieures. Mais il en est tout autrement pour les questions de politique extérieure, et c'est là qu'est le danger. Égarer les masses et même le pays presque tout entier, l'irriter, le passionner sur ces questions est un moyen trop facile de popularité pour n'être pas le plus puissant auxiliaire des chefs de la démocratie la plus avancée.

Il faut que la sève vitale républicaine circule plus ou moins ardente. Les questions industrielles ou administratives, ne lui suffisent pas toujours. Le calme intérieur ne lui fournissant pas d'aliment, elle en cherche au dehors. Que le journal dise quelque énormité locale, le bon sens public en fait justice; chacun peut vérifier ce qu'il a sous les yeux; mais il n'en est pas de même des grandes affaires européennes.

Si l'on assure et répète qu'un puissant souverain en veut à la Suisse, qu'il convoite un agrandissement à ses dépens, que les Suisses sont seuls des hommes libres, que les fils des héros de Morgarten, de Sempach, de Grandson, de Morat, ne souffrent pas d'outrages, et que leurs carabines valent bien les épées à deux mains de leurs pères ; lorsqu'on dit à de braves citoyens ces belles choses, où est le contrôle possible ? Ajoutez qu'ils ne manquent pas d'attribuer à ceux qui les disent et les écrivent le monopole exclusif du patriotisme ; si bien que les plus sages et les plus éclairés ne les réfutent que très-timidement, s'ils ne gardent pas le silence. Ils savent que compromettre leur popularité, dans ces accès de fièvre chaude patriotique, c'est perdre toute action sur le pays et jusqu'à toute possibilité future de le servir.

La majorité modérée du pouvoir exécutif est entraînée elle-même dans ces moments-là. Le conflit pour l'annexion du Châblais et du Faucigny en fournit un exemple récent. Il y avait, du côté de la Suisse, un droit fondé sur l'article 92 du traité de Vienne du 20 novembre 1815, complété par le traité de Turin du 16 mars 1816. Le droit, appuyé sur le traité conclu entre les Bernois et le duc de Savoie, en 1564, est un accessoire de moindre valeur ; mais ces droits constituaient un intérêt, ou, si l'on veut, un droit *de servitude d'état*, et nullement un droit de propriété.

« Cette question présentée sous un demi-jour, mystérieux et trom-
« peur, a passionné une partie du pays. La manière pour ainsi dire
« *tortueuse* avec laquelle on a su faire ressortir notre droit, » — dit
M. Dubs, aujourd'hui membre du Conseil fédéral, dans sa brochure de 1863 sur la question de Savoie, « a excité dans une partie de notre
« population une irritation approchant du vertige, qui a failli préci-
« piter la Suisse dans un dangereux abîme. » Et plus loin, après avoir rendu justice à la part faite à un vif sentiment de l'honneur national, il ajoute, à propos des velléités d'une manifestation à main armée :
« **Derrière de grands enfants, il y a des hommes qui savaient ce qu'ils**

« voulaient, qui, dans l'occupation de la Savoie, ne voyaient que
« l'occasion de provoquer une guerre ou de l'accepter si elle se fût
« déclarée. »

C'est sous la pression de ces hommes que le Conseil fédéral a fait fausse route. Il y avait matière à négociation calme, équitable. L'Empereur Napoléon avait rendu dans l'affaire de Neufchâtel d'assez bons offices à la Suisse pour qu'il ne fût pas permis de mettre en doute ses sentiments à son égard. On aurait pu comprendre, que si le prince Louis-Bonaparte de 1838 était l'ami sincère de la Suisse, l'Empereur Napoléon III était aussi le chef d'un grand empire qui regardait l'annexion de la Savoie comme une faible compensation pour les millions dépensés et le sang de 50,000 hommes. Il eût été plus digne, et surtout plus politique, après avoir mis en pièces les parchemins de 1815, depuis 1830 jusqu'en 1849, et surtout en 1857, de n'en pas recoller maladroitement les morceaux pour en faire une supplique aux puissances.

Le peu de succès de cette démarche et toute la conduite extérieure de cette difficulté avec la France auront montré à d'honnêtes gens que les excursions sur le grand théâtre diplomatique européen n'est pas leur affaire. La loyauté, la rectitude, le savoir le patriotisme qu'ils portent dans la vie privée et les questions intérieures les eussent mieux servi au dehors. Au lieu de viser à l'habileté diplomatique, qu'ils s'estiment heureux de leur ignorance sur ce terrain mouvant. Leur politique extérieure est si simple : bon sens, prudence et franchise. On est disposé partout à croire que la vieille loyauté, la vieille fidélité aux engagements est un héritage de la vieille Suisse que la nouvelle n'a pas répudié.

Les montagnes de l'Helvétie ne l'ont pas mise à l'abri du souffle qui a passé sur l'Europe depuis le succès de M. de Cavour. Cet homme d'État a fait école de grands et petits hommes politiques qui ne doutent de rien. Les représentants démocrates de cette école y joignent en Suisse toute l'omnipotence d'énergiques et fiers mandataires du peuple souverain. Tout leur est permis en son nom, quand la popularité les rend invulnérables. Les hommes signalés par l'honorable M. Dubs sont probes, de mœurs irréprochables, convaincus, grands travailleurs, pleins de préjugés et très-capables dans la sphère où s'exerce leur intelligence. Leurs idées fausses sur les cabinets, les cours, les partis, les livrent aux intrigues de tout ce qui voudrait faire partir de la Suisse l'étincelle d'un incendie. Le sang des milices importe peu à ces coalitions de haines. Parmi les chefs du radicalisme que la popularité porte au pouvoir, il en est dont on ne contrarie impunément ni les idées, ni les projets. Leurs victimes, sans défenseurs, ne peuvent que les plaindre, accepter les institutions du pays avec leurs côtés faibles, le servir quand même, et espérer que la déraison de quelques-uns trouvera pour la politique extérieure, comme pour celle de la Confédération, la sage et prudente opposition des majorités souveraines.

C'est sur la question des alliances, substituées à la neutralité, qu'il est important surtout que la lumière se fasse et que sagesse et prudence préviennent les futurs dangers, même lointains. L'Unité helvétique, formée de trois races, de trois langues, répond pour le moment par un chant d'harmonie au cri de guerre des nationalités européennes et leur donne un démenti formel. Mais l'avenir est gros de transformations et le premier pas de la Suisse sur le chemin des alliances et des ambitions peut avoir pour elle les plus fatales conséquences. Rêver pour la Confédération suisse un rôle politique et militaire c'est lui creuser un tombeau.

NEUTRALITÉ DE LA BELGIQUE

DANS LA SITUATION ACTUELLE DE L'EUROPE.

I

Le point de départ de la neutralité Belge remonte, comme celui de la neutralité Suisse, au système de contre-forces et de pondération inauguré à la paix de Westphalie. Quand les sept provinces septentrionales des Pays-Bas qui avaient secoué le joug de l'Espagne furent admises en 1648 avec le Corps helvétique au rang d'État souverain, sous le nom de Provinces-Unies, les provinces catholiques qui forment aujourd'hui le royaume de Belgique, restèrent espagnoles. Provenance du même héritage de Charles le téméraire que la Franche-Comté, les Pays-Bas, depuis l'avortement du grand Empire intermédiaire où tendait la dynastie de Bourgogne, posaient, dans l'équilibre européen, la question qui forme un des grands problèmes politiques de l'histoire moderne; question qui s'est reproduite avec son importance dans tous les remaniements territoriaux de l'Europe depuis trois siècles. Les provinces du nord s'étaient à peine déclarées indépendantes, qu'on voit les États-Généraux employer toute leur influence pour créer un régime conforme à l'intérêt général et à celui de leur propre conservation. Ce régime est le système de la barrière qui fait une sorte d'analogue à la neutralité suisse, à l'extrémité nord de la ligne mitoyenne de l'Europe tracée par les Alpes et le Rhin. Indépendamment de l'intérêt maritime qui s'attache à une région intermédiaire entre le bassin du Rhin et l'Océan, la possession de ce pays domine l'entrée de la France et celle de l'Allemagne sur des points pour ainsi dire ouverts et plus favorables à l'attaque qu'à la défense. Le système de la barrière consistait à donner aux provinces méridionales une organisation telle qu'elles pussent servir de rempart contre les aggressions de la France. Malgré la transmission de souveraineté à l'Autriche, les Provinces-Unies furent admises à une sorte de partage de cette souveraineté, par le droit de garnison dans les principales places de la frontière, avec subside pour l'entretien des troupes. Ce système ne garantit pas plus l'équilibre et la sécurité des Pays-Bas que la neutralité suisse ne garantit la Franche-Comté définitivement conquise par Louis XIV. La barrière n'empêcha pas l'invasion française dans la guerre commencée en 1744. Toujours le péché originel de toutes les neutralités : l'absence de stipulations de droit public, non-seulement reconnues et consenties par toutes les puissances intéressées, mais soumises à une législation supérieure pour assurer l'inviolabilité d'un territoire que les armes seules ne sauraient défendre.

Le premier traité de la barrière, du 29 janvier 1713, fut signé deux mois avant la paix d'Utrecht. Louis XIV accordait aux Hollandais, comme barrière, Tournai, Ypres, Menin, Furnes, Warneton, Warwick Comines et le fort de Knock. Le traité négocié avec l'Empereur à Anvers, le 15 novembre 1715, en ouvrant le pays aux troupes impériales, réservait les mêmes places barrières aux troupes de la République, à l'exception de Warwick et Comines. Les Pays-Bas n'en furent pas moins envahis plus tard par la France, comme nous venons de le dire.

Toutefois, la neutralité de la Belgique était jusqu'à un certain point en germe dans le principe de ces traités, de même qu'elle n'a jamais cessé d'être un intérêt européen. Il suffit, pour s'en convaincre, de jeter les yeux sur la saillie ouverte qui domine la France et l'Allemagne et commande toutes les têtes de routes qui conduisent par le nord au cœur des deux pays.

Aussi, lorsqu'en 1815, les dix-sept anciennes provinces des Pays-Bas devinrent le royaume de Hollande, le congrès de Vienne s'empressa-t-il de ressusciter le système des barrières, en s'inspirant surtout de la pensée du traité de 1715 qui ouvrait, pour protéger la Hollande, les vingt-huit places belges aux troupes de l'Autriche et du Saint-Empire. Ce fut encore au même point de vue, hollandais et européen, que les ingénieurs anglais, dans un intérêt surtout britannique, complétèrent le réseau des forteresses existantes par quatre lignes formant un vaste quadrilatère stratégique de vingt à vingt-cinq lieues de côtés : ligne du midi, de Namur à Ostende, avec avant-postes fortifiés ; ligne de l'est, de Dinant à Maëstricht ; ligne de l'ouest, de Tournai à Anvers et le Bas-Escaut ; ligne du nord, de Berg-op-Zoom à Venloo en passant par Breda et Bois-le-Duc. Ces lignes constituaient, pour un pays de plaines, la défense artificielle que la Suisse possède dans la citadelle naturelle de ses Alpes.

Mais, dans ces dispositions défensives contre la France, il faut reconnaître que l'indépendance monarchique de la Hollande était beaucoup moins respectée que l'indépendance républicaine de la Confédération suisse.

Toujours est-il que le même système et la même pensée associaient et renforçaient deux murailles de pierres et de rochers aux ailes du front de défense germanique qui s'appuyait sur le Rhin, Coblentz et les forteresses fédérales. En cas de reprise des hostilités coalisées, la Prusse et les États du nord eussent occupé la ligne de la Meuse, les Anglais les forteresses de l'Escaut et les Hollandais celles du midi. On confiait à la Suisse la ligne de Bâle à Genève, et de plus, éventuellement, les avenues des passages du grand et petit Saint-Bernard conjointement avec le roi de Sardaigne. Le petit Piémont, qui a grandi depuis, était alors éventuellement soulagé du poids déjà lourd qui lui incombait dans la défense du Mont-Cenis et des autres passages des Alpes jusqu'à Nice.

Les grandes guerres récentes avaient donné lieu à des opérations tellement gigantesques, à des chocs de nations, à des déploiements de forces telles, que si la Hollande et la Suisse comptaient pour quelque chose par leurs forteresses et leurs Alpes, les forces militaires de ces petits pays ne comptaient tout au plus, dans les prévisions des alliés, que comme avant-postes et sentinelles de portiers-consignes.

Peu d'années ont suffi pour montrer ce que durent de nos jours les alliances politiques fondées sur des intérêts soumis aux influences d'inévitables reactions. On peut juger, par les protocoles de la conférence de Londres des 20, 27 et 14 octobre 1831, de l'évolution qui s'était accomplie en quinze années dans l'équilibre européen au profit des principes les plus contraires à ceux de la sainte-alliance. La France de 1830 et l'Angleterre formaient le contre-poids libéral qui assurait le succès de la révolution belge. La sape à ciel ouvert et souterraine faisait son chemin dans l'édifice de 1815. Un esprit conciliateur consacrait la rupture avec la Hollande, et les puissances, en reconnaissant l'indépendance de la Belgique, déclaraient sa neutralité perpétuelle à peu près dans les mêmes termes que celle de la Suisse. Toutefois, le congrès belge n'ayant pas jugé acceptables les bases de séparation contenues dans les premiers protocoles, les dispositions concernant la neutralité furent modifiées, non-seulement dans la forme, mais dans le fond, par le projet des dix-huit articles que proposa la Conférence.

« La Belgique, dit la conférence (art. 9), dans ses limites telles
« qu'elles seront tracées conformément aux principes posés dans les
« présents préliminaires, formera un État perpétuellement neutre.
« Les cinq puissances, sans vouloir s'immiscer dans le régime intérieur
« de la Belgique, lui garantissent cette neutralité perpétuelle, ainsi
« que l'intégralité et l'inviolabilité de son territoire dans les limites

« mentionnées au présent article. Par une juste réciprocité, la Belgi-
« que sera tenue d'observer cette même neutralité envers tous les au-
« tres États et de ne porter aucune atteinte à leur tranquillité inté-
« rieure ou extérieure, en conservant toujours le droit de se défendre
« contre toute aggression étrangère. » L'article 7 du traité définitif du
19 avril 1839 concernant la neutralité de la Belgique est conçu dans
des termes identiques.

A l'égard du principe général, il est à remarquer que l'application
éventuelle du même régime de neutralité à d'autres pays, dont il avait
été question dans les bases de séparation, n'est plus mentionnée dans
les dix-huit articles. La Hollande réclama contre cette omission,
qu'elle interprétait dans le sens de la réunion supposée du Luxembourg (grand duché) à la Belgique qui, désormais, rendait superflue
l'extension proposée. Le grand duché fit partie de la Confédération
germanique, et l'extension de la neutralité à d'autres États voisins,
sans avoir été précisément repoussée comme inadmissible, n'eut pas
d'autre suite.

Par la séparation de 1831, la Hollande rentrait, quant à sa position
vis-à-vis des puissances, dans le droit commun des États indépendants,
et *l'hypothèque de droit public* dont le royaume des Pays-Bas avait été
grevé fut reportée en entier sur la Belgique. L'équilibre européen était
garanti par l'indépendance du nouvel État ; mais on mit à la charge de
la Belgique une portion si exorbitante de forteresses qu'elle lui constituait une servitude européenne écrasante. La Hollande ayant argu-
menté de l'ancien système de barrière pour concourir aux actes de la
démolition des forteresses de la frontière méridionale, la conférence y
répondit par plusieurs arguments fondés sur le changement qui résulte de la séparation, et terminait en disant : « que la neutralité de
« la Belgique garantie par les cinq cours, offre à la Hollande le bou-
« levard qui devait assurer le système de barrière, avec la différence
« que ce système lui imposait l'obligation coûteuse d'entretenir des

« garnisons, tandis que la neutralité de la Belgique, placée sous la ga-
« rantie des principales puissances de l'Europe, lui laisse les moyens
« de réduire sans danger son état militaire. »

Les hommes d'État hollandais et belges, n'ont pas plus hésité que les militaires à donner à cette déclaration, en ce qui concerne la force armée, la même interprétation que le parti fédéral suisse. La Suisse et la Belgique n'ont pu accepter que les droits et les devoirs d'une neutralité armée. Toutefois, il est à remarquer que si la neutralité belge a le même caractère d'une stipulation de droit public européen que la neutralité suisse; que si le régime imposé à la Belgique est certainement dans son origine et ses conséquences rigoureuses de droit le même que celui de la Confédération helvétique, créé par les mêmes autorités, accepté au même titre par les intéressés; que s'il impose aux deux pays les mêmes obligations éventuelles et leur assure les mêmes droits, les conséquences d'une situation qui paraît identique sont aussi différentes qu'elles sont variées. Deux traits caractéristiques les distinguent : la neutralité de la Belgique est à la fois continentale et maritime. La neutralité de la Suisse est exclusivement d'intérêt continental stratégique. Si l'une et l'autre semblent jouer le même rôle dans les intérêts politiques et d'équilibre de l'Europe, les conséquences de ce rôle sont très-différentes pour les deux pays. Dans les éventualités de conflagrations partielles ou générales, Anvers et la mer soulèveraient des questions complexes étrangères à la Suisse. Celle-ci se trouve aujourd'hui, depuis la création du royaume d'Italie, au centre d'un triple intérêt, plus que jamais stratégique, dans l'équilibre méridional profondément modifié.

La diversité des intérêts qui se rattachent aux deux neutralités, sembleraient devoir leur donner, pour le présent et l'avenir, une valeur particulière. L'innovation en leur faveur, de la forme perpétuelle, dans le droit public européen, est un précédent d'autant plus digne d'attention aujourd'hui qu'il fut un moment question aux conférences de

Londres de lui donner plus d'extension encore, avant l'accord mentionné plus haut, sur l'article 5 du traité, par lequel le grand-duché de Luxembourg est devenu partie intégrante de la Confédération germanique.

L'esprit de la première conférence de Londres de 1831, était déjà très-différent de celui qui avait présidé à la reconnaissance de la neutralité suisse en 1815. Sur les cinq puissances qui siégeaient alors à Londres, deux, l'Angleterre et la France, représentaient des principes très-différents de ceux qui réunissaient encore les trois autres grandes monarchies prépondérantes. La Belgique trouvait dans ce progrès international une garantie d'impartialité tolérante qui avait manqué à la Suisse neutralisée sous l'influence d'une hostilité générale contre la France révolutionnaire et bonapartiste.

Comme précédents de la neutralité belge, on peut aussi mentionner celle des Pays-Bas autrichiens pendant les guerres de 1733 et de sept ans. La Hollande, qui redoutait une invasion française en Belgique, et les obligations qui seraient résultées pour elle de *casus fœderis* des traités des barrières, provoqua la convention du 24 novembre 1733 par laquelle le roi s'engageait à ne pas attaquer les Pays-Bas autrichiens. Lors même que l'Empereur refusait de reconnaître le rôle neutre qu'on prétendait assigner à ces provinces, les intérêts de leurs voisins et la tournure des événements les protégèrent contre la volonté de leur propre souverain.

« Pendant la guerre de sept ans, dit M. Nothomb, la Belgique jouit « d'une tranquillité parfaite, grâce à la fiction politique de la neu- « tralité. » Toutefois, cette tranquillité est contestée ainsi que la parfaite neutralité des Pays-Bas autrichiens à cette époque. Quoi qu'il en soit, la convention de Versailles du 1er mai 1756, dite de neutralité entre le Roi et l'Autriche, n'ayant pas lié les puissances avec lesquelles cette puissance se trouva bientôt en guerre, l'Empereur autorisa, en 1757, l'entrée du maréchal d'Estrées dans les Pays-Bas autrichiens, pour faire de ce pays une base d'opérations contre la Prusse en Westphalie et sur le Rhin. Quand la Prusse et le Hanovre prirent à leur tour l'offensive, le cabinet de Vienne réclama des États-généraux le droit de passage par les places de la République. Cette réclamation, fondée sur le traité des barrières (1), n'empêcha pas les troupes du prince héréditaire de Brunswick d'envahir les Pays-Bas, après la bataille de Créfeld. Quelques ménagements pour la neutralité se retrouvent encore dans le traité de décembre 1758 ; il n'en est plus question au traité suivant. Ces antécédents expliquent amplement comment les cinq puissances furent amenées, en 1831 et 1839, à donner à l'indépendance de la Belgique une garantie si manifestement préparée par son histoire.

Les deux neutralités permanentes, de 1815 et de 1831, furent si bien des traditions historiques régularisées, que la Suisse y retrouvait même, dans ses capitulations militaires avec la France et d'autres pays, l'étrange exception qui avait fait règle. La neutralisation savoisienne constituait de plus pour elle une servitude d'État hors de ses frontières. Aucune exception traditionnelle ou autre ne distingue la neutralité belge de celles des États en possession de la neutralité naturelle et restées dans le droit commun. L'hypothèque de droit public, dont la Hollande avait été grevée par les forteresses, est simplement reportée sur le territoire de la Belgique comme élément de force défensive nationale.

---

(1) Arendt, *Neutralité de la Belgique*, p. 22 et Moser, *Essai de droit public européen* (en allemand), t. XI, p. 275.

II

Secondée par un grand nombre d'officiers et d'écrivains militaires distingués, encouragée par son roi, le Nestor des monarchies européennes, la Belgique n'a rien négligé pour relever chez elle, par les fortes études de ses officiers, la carrière des armes et donner à sa petite armée la meilleure organisation possible. Il importait surtout de résoudre une question stratégique des plus graves, autant pour l'indépendance du nouveau royaume que pour faire d'une fiction de neutralité une réalité sérieuse. Le système de défense du pays, le choix d'une ou de plusieurs places fortes, qui devaient occuper la presse, les chambres et remuer tant d'intérêts divers, réclamaient toutes les lumières des hommes spéciaux. Aussi, dès 1843, les controverses s'exercèrent-elles sur le pour et le contre des divers systèmes. Il y avait de vieilles idées, des préjugés, des routines à éclairer, et surtout il fallait combattre l'affection des ingénieurs pour leurs belles murailles. Ces discussions approfondies ont fait d'autant plus d'honneur aux militaires et aux hommes d'État belges, que les bons principes ont fini par triompher, en grande partie du moins; c'est-à-dire qu'en reconnaissant la nécessité de sacrifier le système des places frontières à l'avantage d'une grande forteresse centrale, à la fois pivot stratégique et point de refuge, on s'est cependant écarté des conséquences du grand principe dans l'application. La stratégie désignait la concentration de la défense sur Bruxelles et la Meuse, la politique et les finances ont fait choisir Anvers. Cette place, port important, était déjà entourée d'ouvrages considérables. Tout était à créer autour de Bruxelles. Anvers peut recevoir les secours des puissances maritimes et prolonger la résistance. Anvers servira donc une fois de base et de réduit à l'armée belge. Le système de cordon érigé en 1815 est en train d'être démoli. Comme têtes de ponts ou postes fortifiés, la Belgique conserve sur l'Escaut : Tournai, Gand et Termonde ; sur la Manche, Ostende et Nieuport ; sur la Meuse, Liége et le château de Namur (1).

L'arrière pensée d'un secours apporté par l'Angleterre, la Hollande ou d'autres puissances, se justifie donc par le peu de confiance accordée aux garanties d'une neutralité même perpétuelle. Bruxelles était le réduit de la défense continentale, que l'attaque ou le secours vinssent du côté de l'Allemagne ou de la France. Les militaires qui proposaient Bruxelles songeaient à la neutralité ; les hommes politiques en choisissant Anvers ont prévu les alliances. Une neutralité sérieuse d'intérêt pacifique européen, entourée des garanties vraies et non fictives que réclame un droit des gens digne de la civilisation européenne, eût simplifié bien des choses. La Belgique est un neutre perpétuel, forcé aux mêmes dépenses militaires que d'autres États de second ordre et même à de beaucoup plus fortes que celles des membres secondaires de la Confédération germanique qui ne supportaient pas toute la charge des forteresses fédérales. En France le rôle des forteresses et des grandes places de guerre avait occupé depuis 1818 et 1836, le comité de défense et préparé les grands débats de 1840 à 1841 sur les fortifications de Paris. Là aussi, les principes ont triomphé. Dans l'application, le système Haxo et Valazé d'un côté, et celui du général Rogniat de l'autre, furent combinés dans l'enceinte de sûreté précédée d'une ceinture de forts détachés. Si Paris, avec sa ligne de forts détachés de 20 lieues, coupée par des bois, des hauteurs et des rivières, n'était pas un précédent identique pour les partisans de Bruxelles, il avait du moins préparé les esprits. L'exemple de Paris, permettait d'accorder moins de confiance au système des frontières de fer, nom donné par Vauban au triple cordon des forteresses de l'est. Trop compter sur les forteresses, c'est aujourd'hui abandonner béné-

(1) Van de Velde, *Défense des États*. — P. de B., *Anvers et défense de la Belgique*.

volement à l'ennemi les grands centres de populations et la capitale, son objectif ordinaire. Aucune question n'a été plus controversée, il est vrai, que celle du rôle des forteresses dans la défense des États. Toutefois, en prenant Rohan, Feuquières et Guibert pour point de départ et si l'on tient compte des erreurs dans lesquelles sont tombés les ingénieurs, faute d'avoir combiné les fortifications avec la tactique, on trouvera, en résumant les idées plus ou moins opposées à Vauban, que l'archiduc Charles, Turenne, Marlborough, Frédéric, Napoléon et Jomini s'accordent à reconnaître que la défense passive est pernicieuse ; que les États ont généralement trop de forteresses, que le dispositif de défense générale érigée en cordon sur la frontière d'un État est un système vicieux ; qu'ainsi la défense active est la seule bonne. Des considérations, qui nous mèneraient trop loin, ne laissent aucun doute sur l'avantage de faire du foyer de la puissance nationale, une grande position retranchée ; enfin les ressources d'un État doivent décider du nombre des forteresses ; le bon sens stratégique leur emplacement et la tactique leur forme et leur développement.

Qu'on nous pardonne de nous être étendu sur les principes généraux qui auraient dû faire fortifier Bruxelles et non Anvers. Mais rien ne démontre mieux le néant de la neutralité, que le brevet d'impuissance qui lui a été donné dans Anvers par le roi des Belges et son savant état-major.

Un protocole du congrès de Vienne, signé le 15 novembre 1818, avait réglé en prévision du *casus fœderis*, distinct du *casus belli*, que les villes d'Ostende, Nieuport, Ypres, Audenarde, Gand et Termonde seraient occupées par des garnisons anglaises ; Namur, Dinan, d'Huy, Philippeville, Marienbourg et Charleroi par la Prusse ; Menin, Tournai, Ath, Mons, Bouillon et Liége, devaient rester à la garde de la Hollande, tenue en outre d'avoir des réserves réunies à Anvers et à Maëstricht.

L'indépendance de la Belgique a renversé cette combinaison de fond en comble. Une commission, formée en 1851, eut à examiner ce qui pouvait se concilier avec la force de l'armée belge, l'intérêt militaire et celui des finances. Cette commission décida la suppression de Menin, Ypres, Ath, Bouillon, Philippeville et Marienbourg; Mons et Charleroi furent conservées avec tolérance pour les constructions suburbaines. Jusqu'à présent, Philippeville et Marienbourg ont seules été rasées; Ypres, Ath et Menin sont en partie démantelées. En 1832, le gouvernement français avait demandé, en retour de ses bons offices, la démolition des forteresses reconstruites par la Sainte-Alliance pour menacer la France; Mons, Charleroi, Ypres, Ath, Philippeville et Marienbourg furent condamnées. Mais l'exécution du traité secret fut ajournée, et la France ne paraît pas avoir insisté. Ainsi, à l'exception de Mons et de Charleroi, les autres places sont condamnées par des considérations indépendantes du traité secret. Il est curieux de voir, d'un autre côté, les signataires des traités de Vienne exprimer le désir du démantèlement des remparts qui ne protègent plus l'ancien protocole. Singulier revirement! On provoquait la destruction des forteresses élevées pour contenir la France, dans la crainte d'une invasion française, en ne se fiant ni à l'armée belge, ni à la neutralité perpétuelle pour occuper et défendre ces places de guerre.

Plusieurs raisons ont fait admettre, par l'état-major belge, qu'on enserrerait une armée envahissante entre les places que baignent l'Escaut et la Meuse, tandis que l'armée belge reculerait au fond de l'entonnoir jusqu'au camp retranché d'Anvers, protégé lui-même par Termonde et Diest. Que la ville basse de Namur, si importante dans une offensive de la France, soit démolie pour détruire un appât compromettant pour la neutralité, rien de mieux; mais l'armée qui s'avancerait par les routes comprises entre l'Escaut et la Meuse ne peut être qu'une armée française contre laquelle on semble laisser un débouché ouvert aux troupes allemandes ou anglaises. L'évacuation de tout le pays, le gouvernement, le trésor, les archives, les grands corps de l'État transportés à Anvers, le soldat à demi démoralisé d'avance par cette retraite, telles sont les conséquences prévues du système adopté. Un grand État, libre dans ses alliances, neutre selon les circonstances et les intérêts de sa politique, en possession d'une puissante force militaire, n'eût pris conseil que des leçons de l'histoire et des grands principes pour son système défensif.

Toutes les guerres ont donné une éclatante confirmation à ce principe posé par le général Jomini dans ses études sur les premières campagnes de la Révolution, que de la possession du cours de la Meuse dépend celle de la Belgique. Aucun fleuve n'a jamais baigné un aussi grand nombre de forteresses. Quand la France et l'Allemagne ne se sont pas rencontrées dans la vallée du Rhin, c'est entre Namur et Maëstricht qu'elles ont porté leurs armes. Ramillies, Lawfeld, Nervinde, Sombref, Gembloux, Ligny, rappellent de part et d'autre des succès et des revers. Liége et Maëstricht (*trajectum ad Mosam*) sont les grands passages pour se rendre de la zone nord de l'Allemagne dans les plaines de la Flandre et de la Picardie. Plus confiante dans sa neutralité, la Belgique eût mis plus de prix à s'assurer la possession de la Meuse; mais le petit royaume riche et industriel est forcé de chercher aux bouches de l'Escaut la sécurité qu'il ne trouve pas sur ce fleuve. Il porte à Anvers les millions qui trouvaient ailleurs un double emploi national et européen, si la neutralité eût offert à ses hommes de guerre et d'État les garanties que ne leur promettent même pas de problématiques alliés. Tant que Napoléon Ier a porté et maintenu la guerre au-delà du Rhin, le champ de bataille séculaire de la Belgique n'a pas été envahi; mais dès que le flot est revenu sur la France, Waterloo dit assez haut que rien n'est changé à la direction des sanglantes ornières des guerres continentales. Si le congrès de Vienne et la conférence de Londres songèrent sincèrement à fermer un champ de bataille historique par la neutralité perpétuelle de la Belgique, le but est loin d'être atteint.

La Belgique, occupe comme la Suisse, une des extrémités de la ligne du Rhin, et concourt avec elle à diminuer la longueur du front défensif de la France. Les deux pays fortifient la situation de cette puissance, en ce qui concerne ses opérations défensives, sans gêner sensiblement ses opérations offensives. La Belgique, adossée à la mer, et faisant saillant sur la gauche du Rhin, ne fournit à la France qu'une mauvaise ligne d'opération contre l'Allemagne. C'est au très-vaste point de vue stratégique seulement qu'il est permis de dire que la marine à vapeur et les chemins de fer n'ont rien changé aux champs de bataille historiques. Ce fut entre la Meuse et l'Escaut que le grand capitaine des temps modernes reprit l'offensive qui a décidé à Waterloo du sort de l'Europe. Ainsi, bonne ou mauvaise base d'opération, grande guerre ou guerre partielle, passage forcé, attaques et défenses françaises ou étrangères, l'inviolable neutralité de la Belgique est d'un intérêt pacifique européen qui ne saurait être contesté.

III

Au milieu de la crise européenne actuelle d'hégémonies, d'unités de race et de nationalités historiques, la Belgique offre un exemple curieux, instructif et rare. Ce petit royaume, qui ne compte que 35 années d'existence, sans histoire nationale, successivement Bourgogne, Espagne, Autriche, France, Hollande, renfermant trois races, parlant trois langues, s'est fait une nationalité belge, une patrie, en prenant pour symbole le lion et pour devise : l'Union fait la force. Pays très-catholique, il s'est donné un roi protestant. Le royalisme du bon sens remplace, chez sa très-ancienne et très-riche noblesse, la foi des traditions légitimistes. Le régime parlementaire, dans les conditions les plus libérales qu'il puisse supporter, s'y maintient jusqu'à présent sans trop d'angoisses attaqué par les deux bouts. Le parti clérical est très-puissant; la démocratie avancée avec la liberté presque illimitée de la presse ne gagne que lentement du terrain ; le juste milieu doctrinaire et autre lutte sans avoir d'émeutes à combattre. Sur le trône affermi par la sagesse de son père, le jeune roi constitutionnel, d'un pays très-constitutionnel, très-industriel, très-prospère, très-libre, n'envie le sort d'aucun autre souverain et se confie au bon sens, au sens moral, au patriotisme et à l'intérêt bien entendu de la nation.

La neutralité perpétuelle, octroyée pour ne pas dire imposée à la Belgique, a simplifié jusqu'à présent sa politique extérieure. Les lois répressives contre les excès de la presse, de nature à provoquer des réclamations de la part de pays étrangers, sont à peu près les mêmes que celles dont le pouvoir exécutif suisse dispose depuis 1848. Mais le royaume de Belgique, sous le règne du Nestor européen, pas plus que la Confédération républicaine sous les constitutions de 1815 et de 1848, n'a considéré, les garanties de la neutralité suffisantes pour se dispenser de maintenir une armée aussi forte et de créer des moyens de défense aussi puissants que si ces garanties n'existaient pas.

Ainsi de deux choses l'une : ou la Suisse et la Belgique se trompent, ou si leurs inquiétudes sont fondées, le sérieux des protocoles n'est qu'une formule sans valeur, un sourire protecteur de chancellerie; une condescendance, bonhomie de géants sans conséquence, en un mot un mensonge solennellement inscrit au droit public de l'Europe.

Sur une population de près de cinq millions d'âmes, l'armée belge, sur pied de guerre, est de 100,000 hommes et de 6,000 chevaux. Les chambres savent ce qu'ont coûté les fortifications d'Anvers et ce qu'elle coûteront encore. L'armée est excellente, au niveau des meilleures de l'Europe; Anvers est un modèle de science moderne et d'exécution ; la Belgique est riche et peut suffire à tout; toutefois, il n'y manque pas de gens très-patriotes et très-sensés, qui se demandent si les petits États, industriels, commerçants, agricoles qui n'ont rien à gagner à la guerre et peut-être beaucoup à y perdre, sont forcément condamnés à être indéfiniment de petits États militaires, armés jusqu'aux dents et cuirassés jusqu'aux entrailles ? Pour la Belgique comme pour la Suisse, à côté de leurs belles industries, les bénéfices de la décentralisation traditionnelle sont particulièrement propres à développer la culture des lettres des sciences et des arts. Cette direction naturelle du progrès, chez les deux nations, sera contrariée, tant que l'exagération des sacrifices militaires, ne sera pas pour elles la contradiction d'une obligation aussi nécessaire qu'inutile en quelque sorte.

Nous voyons, au sein de la Confédération germanique expirante, le rôle que jouent les armées des petits États ; aux premières aggressions de la Prusse, elles n'ont pu fermer aucune de leurs petites frontières, même pour quelques heures, n'étant, il est vrai, que des contingents fédéraux. En présence d'un formidable agresseur, toute la bravoure des armées belges et suisses se réduirait, après large effusion de sang, à devenir aussi des contingents dans les armées des ennemis de leur ennemi. Beau résultat de la neutralité perpétuelle, dans l'intérêt pacifique de l'équilibre européen !

CONCLUSION

I

Même, avec le peu de développements qu'il nous a été permis de donner à de pareils sujets, on a vu que depuis la fondation d'un équilibre européen, les petits États, en y apportant leur appoint modérateur, y trouvèrent en même temps la sécurité de leur existence. On leur demandait naturellement d'être viables et de donner, de leur côté, des garanties d'indépendance et de force intérieure, quels que fussent leurs liens dynastiques, confessionnels ou autres avec les grands États. Depuis la paix de Westphalie, tous les traités, plus ou moins d'équilibre, ont forcément servi et consacré la tendance de toutes les puissances de premier et de second ordre à l'unité nationale et politique. Ce qui se passe sous nos yeux n'est qu'une étape de plus dans l'autonomie des nationalités; il n'y a pas là de quoi s'étonner. Chaque traité, jusqu'à ceux de 1815, y compris surtout Lunéville, ont sécularisé, médiatisé, absorbé les petites, les infimes suzerainetés ecclésiastiques et laïques au profit des États, grands et petits, qui figurent dans le droit public et sur la carte actuelle de l'Europe. Le congrès de Vienne a été plus loin : les républiques de Venise et de Gênes ont définitivement disparu; les anciens alliés du corps helvétique sont aujourd'hui des cantons, à l'exception de Mulhouse; on sait ce qu'est devenue la république de Cracovie; celles de Saint-Marin et d'Andorre ont été conservées, ainsi que Monaco, comme le ciron et sa petite famille le furent sans doute aussi dans l'arche au déluge universel.

Non-seulement le principe de la conservation et du rôle modérateur des petits États qui, avant et dans le cataclysme, s'étaient acquis des titres à la bienveillance des tout-puissants, fut hautement reconnu; le Danemark et la Saxe, eu égard aux passions du moment, auraient pu être plus maltraités. De la Bavière aux principautés de Lippe, Reuss, Lichtenstein et jusqu'aux Villes libres, royaumes et duchés, tous furent appelés à jouer un même rôle modérateur dans le sous-équilibre de la Confédération germanique, où l'Autriche et la Prusse visaient déjà à la suprématie. Une partie du Luxembourg même y trouvait place. La Suède, la Norvége, le Danemark, la Hollande, l'Espagne, le Portugal, le Piémont, tous les princes italiens, le Saint-Siège et enfin la Suisse, ayant fait partie de la Sainte-Alliance ou non, eurent une position de contre-poids politique et moral important dans la réorganisation européenne.

Il n'est pas hors de propos de remarquer, au point de vue de certains aveuglements réels ou volontaires, que le congrès de Vienne ne s'est pas plus préoccupé de la question d'Orient, que la paix de Westphalie de la prépondérance maritime de l'Angleterre et du poids futur de la Russie sur l'Europe. Aussi le sous-équilibre du Nord n'a-t-il pas tardé à déséquilibrer le pénible travail d'Osnabruck et de Munster, comme la question d'Orient et la politique de Catherine sont intervenues dans les combinaisons de 1815.

Un petit État devait naître bientôt cependant dans le berceau de cette question musulmane. L'Europe chrétienne de la philosophie et des arts ne pouvait faire moins que d'être la marraine d'un enfant chrétien posthume de Platon, d'Alcibiade et de Léonidas. Après le royaume de Grèce, un autre petit État dut son existence à la réaction des idées comprimées en 1815 : le royaume de Belgique. Puis, enfin, la conférence de Paris de 1858, a, en quelque sorte, émancipé les

Principautés danubiennes. Nous ne saurions considérer la demi transformation de la principauté de Neufchâtel en canton suisse comme la suppression d'un petit État.

Ainsi, avant le premier grand combat dans lequel a triomphé l'unite nationale du royaume d'Italie, à l'exception de Rome, la tendance était plutôt à augmenter le nombre des petits États qu'à le réduire. Bien plus encore : la force des choses et les exigences de l'équilibre européen valurent à la Suisse et à la Belgique la garantie fictive, si l'on veut, de la neutralité permanente, mais qui n'en est pas moins un hommage rendu à l'inviolabilité des petitsÉtats dans l'intérêt de l'Europe.

Pour qu'il n'y ait aucune méprise sur ce grand mot de neutralité qu'on répète sans cesse et assez généralement sans bien savoir ce qu'il représente, nous en avons fait l'histoire dans un rapide aperçu. Il aboutit au traité de 1856 pour la neutralité maritime, et pour la neutralité continentale au droit commun traditionnel, où la nouveauté de la neutralité permanente n'est qu'une désignation, une forme de chancellerie de plus. Pouvait-elle être autre chose? Non, et c'est l'excuse du congrès de Vienne, lequel, assez fort pour enchaîner le géant sur le rocher de Sainte-Hélène, ne l'était pas assez pour soulever la montagne qui écrasait et paralyse encore les plus sages, les plus pacifiques et les plus généreuses aspirations du droit international.

II

Il est impossible de ne pas reconnaître en Europe deux nécessités, en apparence contradictoires, qu'il faut cependant impérieusement concilier, l'indépendance des États et leur essor vers l'unité dans la mesure compatible, sinon avec l'ancien équilibre européen, du moins avec le nouveau, sur quelques bases qu'il se fonde. L'isolement actuel est l'indice caractéristique de la transition qui s'opère. L'ancien équilibre, avec le sous-entendu de chaque grande puissance de le faire pencher à son profit dans l'ornière de la vieille politique de Richelieu, de Catherine, de Marie-Thérèse, du grand Frédéric ou de l'omnipotence maritime anglaise, n'est autre que la guerre intermittente éternelle. Victoire et satisfaction, d'un côté ; de l'autre, revers, haine et revanche à prendre ; flux et reflux de la marée sanglante, repoussé par tout ce que le progrès civilisateur renferme aujourd'hui de plus honnête et de plus sain. Comme en définitive il s'agit surtout, dans ce système suranné, de frontières poussées en avant, sans prétendre que l'on puisse montrer dès à présent une indifférence complète à cet égard, toujours est-il qu'il faut chercher ailleurs la sécurité, la prospérité des grands États et la paix européenne. Ce nouvel équilibre, où est-il ? Faut-il l'opposer à la future pression de la Russie sur l'Europe ? La fondera-t-on sur les droits acquis ? rien de mieux si ces droits n'émanent pas du droit du plus fort, mais seulement de la justice. En attendant et sans chercher plus loin, les petits États ne sauraient voir, sans une vive satisfaction, se livrer aux mêmes recherches celui qui peut seul faire appuyer par une grande nation ce qu'il trouve déjà le plus digne de cette nation, et d'une civilisation digne aussi de rompre avec les traditions qui entravent sa marche.

La lettre adressée par l'Empereur à M. Drouyn de Lhuys le 11 juin renferme, dans la plus juste mesure du possible, tout ce qu'il est permis d'espérer pour le moment. La lettre impériale se contente de poser une limite aux changements que les luttes des autres États peuvent amener sans provoquer l'intervention de la France ; en dehors de la question italienne, elle indique non un cas général, comme celui d'un agrandissement quelconque de territoire cherché ou obtenu par un État grand ou petit, ou celui d'une infraction à un traité quelconque, mais un cas particulier, unique et strictement déterminé :

celui où la carte serait modifiée au profit exclusif d'une grande puissance ; alors seulement l'équilibre serait rompu, et l'on pourrait songer à le redresser par une extension de frontières, si les populations limitrophes demandaient librement leur annexion à la France. — L'avantage de vivre en bonne harmonie avec ses voisins, en respectant leur indépendance et leur nationalité, est dans la pensée impériale plus digne du pays que des acquisitions de territoire, sur lesquelles la justice exige en outre que le vœu des populations soit librement exprimé.

Les guerres de Crimée et d'Italie, — et c'est là leur caractère particulier, — ne furent pas des guerres d'extension territoriale, mais des guerres surtout de prépondérance politique et militaire imposées par le vieux système des compressions provoquant les réactions qui en exigent de nouvelles à leur tour. L'aigle sanglante de Waterloo devait planer assez haut pour montrer toute l'envergure actuelle de ses ailes. L'Europe est édifiée à cet égard ; la satisfaction de la France est un élément de paix européenne. Jamais vainqueur n'a moins abusé de la victoire. Les annexions de la Savoie et de Nice ne sont pas des conquêtes : elles rentrent dans la catégorie des agrandissements dont parle la lettre du 11 juin ; les populations ont été consultées, précédent dont la France a déjà fait une condition d'assentiment pour les annexions qui élargiraient d'autres frontières que la sienne. La pensée, les principes de la lettre du 11 juin eussent pris, sans aucun doute, avant la guerre, des proportions plus larges dans les congrès proposés par l'Empereur avec une si louable et si prévoyante insistance. Il y faudra revenir après des torrents de sang répandus, et, quoi qu'il arrive, quels que soient les vainqueurs ou les vaincus, l'autorité de la France, secondée, il faut l'espérer, par l'Angleterre et la Russie, posera les bases d'un équilibre nouveau qui sera infailliblement une conquête pour le droit public de l'Europe et la paix du monde.

Le point de départ de ce futur congrès ayant été l'accord des trois grandes puissances neutres avant la guerre, le principe de la neutralité aura le droit de s'y prévaloir d'une première grande manifestation de son rôle pacificateur. Admettons la fiction d'une grande étape faite sur la voie nouvelle. Aux préliminaires d'une guerre pareille à celle qui désole l'Allemagne et l'Italie, qu'on suppose trois grandes puissances neutres déclarant, au nom de tous les grands intérêts et de toutes les solidarités européennes, qu'il y a toujours des conciliations possibles et que la guerre ne se fera pas ; il eût bien fallu déposer les armes et le traité de conciliation, franc des volontés imposées par le belligérant vainqueur, n'en eût été que plus équitable et plus rassurant pour tous. Hâtons-nous d'ajouter qu'une pareille atteinte portée à l'indépendance des nations ne saurait être amnistiée que par le pouvoir exécutif d'un tribunal arbitral né d'un progrès du droit des gens dont nous sommes malheureusement loin encore.

Mais sans pousser jusqu'à l'utopie, le principe de la neutralité ne se prêterait-il pas déjà à quelques bienfaits pacifiques pratiques très-possibles ? Dans ce que nous en avons dit, ne voit-on pas ce principe grandir, avec la vraie civilisation, comme le corollaire du libre arbitre individuel, fécondé par le christianisme, qui en a fait le germe et la sève de l'indépendance nationale. La neutralité, loi naturelle pour les grandes intelligences de l'antiquité, frein imposé à la barbarie du moyen-âge par l'Église ; tempérament pacifique, luttant par les conventions, les définitions et les bonnes intentions contre les éternels ennemis de l'humanité, l'égoïsme et la violence ; enfin, naufragée de si nombreuses tempêtes, prenant pied sur la falaise glissante pour s'assurer une place dans le droit public qui ne lui sera plus disputée, la neutralité ne s'y est-elle pas affermie irrévocablement dans les traités qui en firent, par la force des choses, la garantie fictive perpétuelle de la sécurité de deux petits États ; enfin encore, le traité de Paris de 1856 n'est-il pas pour elle la conquête morale du monde civilisé tout entier ?

Il ne nous appartient pas de faire ici le programme du rôle que le futur congrès pourrait faire jouer à la neutralité. Nous ne sommes qualifiés pour cela d'aucune manière. Nous osons seulement demander si la neutralité perpétuelle ne pourrait pas s'étendre à d'autres petits États qu'à la Suisse et à la Belgique, bien entendu avec les garanties, toutes nouvelles et indispensables, d'un tribunal arbitral, d'une juridiction amphictyonique, en un mot, d'un accord européen de cette nature qui leur donne une sécurité complète et leur permette de réduire considérablement leur état militaire?

La réorganisation de l'Allemagne, quelle qu'elle soit, ne fondra pas tous les petits États dans un seul ou deux creusets germaniques. La neutralité permanente, devenue l'indépendance inviolable des petits États, offrirait une nouveauté dans le nouvel équilibre, qui ne serait, dans le fait, que le principe d'ordre européen de 1815 appliqué sur une plus grande échelle dans la mesure des besoins nouveaux. Les provinces Rhénanes, cause ou prétexte de tant de méfiances et d'inquiétudes, neutralisées, seraient, par ce seul fait, une pacification européenne. Une confédération des neutres n'est pas une idée absolument nouvelle; nous n'en parlons que pour mémoire.

Les petits États ont aussi grandi en lumières, en richesse, en force relative. Au défaut de prépondérance, de puissance et de ce qui paraît si indispensable à la félicité des grands pays, ils réclament la compensation de l'égalité devant les progrès du siècle, la sécurité internationale et le paisible développement de biens aussi précieux à leurs yeux que ceux qui font l'ambition des grandes monarchies par la splendeur et l'éclat de leurs capitales. Ils ne seront ni les îlots d'autonomies babyloniennes, ni des clients protégés; mais des égaux devant la loi internationale comme le citoyen devant la loi civile.

La brochure de notre illustre ami, M. Michel Chevalier, : *La Guerre et la Crise européenne*, va beaucoup plus loin que nous dans le beau domaine des espérances. A l'occasion d'une organisation tutélaire qui fasse respecter les règles d'un droit public adopté d'un commun accord, et des considérations sur l'indépendance individuelle des États, sauvegarde de la liberté de l'esprit humain, le savant sénateur, ne considère pas comme un problème insoluble de faire concorder l'indépendance des États et l'établissement d'un congrès européen qui serait permanent et exercerait des attributions importantes à l'égard de la communauté. Que de prétendues chimères, dit-il, qui sont passées dans la réalité! Et il ajoute plus loin : on peut penser que dans ce moment le besoin du rapprochement est plus fort en Europe que le besoin contraire. On a trop senti les inconvénients du caprice des initiatives isolées pour ne pas chercher à se retremper dans des résolutions communes. En un mot, les esprits sont mûrs pour un congrès qui, sous l'inspiration d'une opinion éclairée, libérale, progressive, travaillerait à mettre fin aux embarras dont l'Europe est obsédée, et poserait les termes d'un nouvel accord plus solide que tout ce qui s'est jamais vu en ce genre.

M. Michel Chevalier fait valoir plusieurs raisons en faveur d'une organisation future qui donnerait un certain corps à la pensée de l'unité européenne, peut-être sous la forme d'une Confédération offrant des analogies avec l'Union américaine. Une pareille organisation était recommandée, il y a vingt ans, par M. Cousin, un de ces grands et rares esprits chez lesquels la savante analyse philosophique s'unit à l'esprit de divination qui est le propre des poètes.

Amené, de notre côté, à l'idée d'une autorité arbitrale qui seule confirmerait la neutralité dans toute la puissance de son sacerdoce pacifique, nous avons fondé nos espérances à cet égard sur la conférence de Paris de 1856, le discours par lequel l'Empereur Napoléon III ouvrit la session législative en 1863, et la proposition de congrès renouvelée qui a formé le triumvirat des puissances neutres. Nous aimons à croire que l'avènement d'un ministère tory, à Londres, n'est pas d'un mauvais augure pour l'avenir du progrès international.

Quel que soit, du reste, l'inévitable esprit de l'inévitable congrès après la guerre, l'autorité que doit y exercer non moins inévitablement la France est de nature non-seulement à dissiper toutes les inquiétudes, mais à confirmer toutes les espérances à l'égard de la marche libérale progessive du droit des gens.

L'avenir est sombre pour tous les pays de l'Europe sans exception. Dès à présent, un esprit conciliateur de famille servirait mieux tous les intérêts que les réactions qui n'arrêteront rien et ne feront que des victimes en commençant par les aveugles qui les auront provoquées. L'Europe n'est déjà plus qu'un point lumineux sur la surface du globe. D'autres étoiles se lèvent à l'horizon des mers. Les frontières de celles-ci sont plus utiles à ouvrir à des prépondérances nouvelles que les vieilles frontières du vieux continent à des ambitions séniles. La guerre s'est armée, sur l'autre hémisphère, de toutes les énergies, de toutes les fureurs d'une nation à laquelle la tenacité de la lutte a surtout donné la mesure de sa force. Il n'a fallu rien moins que les convulsions d'un continent tout entier pour lui faire vomir l'esclavage. C'est le drapeau d'une jeune liberté séduisante, sans limites et sans frein, qui s'agite aux yeux de la vieille Europe. L'Océan paraissait vouloir rester neutre. Il a deux fois brisé le câble destiné au contact rapide et prématuré de relations internationales, moins rassurantes pour les monarchies que celles qui devraient resserrer dès à présent chez elles d'utiles et de puissants liens, sous le drapeau d'une civilisation riche de toutes les expériences, de tous trésors du passé, noblement et sagement libérale.

La paix de Westphalie n'a prévu ni l'Angleterre ni la Russie. Le congrès de Vienne a fermé les yeux sur la question d'Orient. Le futur congrès sera plus prévoyant, s'il calcule ce que deviendront, bien avant un siècle, les immensités de la Russie européenne et asiatique avec les transformations qui s'y opèrent et celles que promettent toutes les généreuses impulsions données par l'Empereur Alexandre, et s'il se rend compte aussi de ce que sera l'Amérique avant vingt ans.

A ce double point de vue, l'unité européenne ne serait-elle pas bien moins une utopie irréalisable qu'une réalité nécessaire? Sans aller aussi loin, et sans sortir de la voie tracée par l'histoire diplomatique, un pas en avant est-il impossible? La paix de Westphalie a fondé l'équilibre européen sur les *contre-poids* ou *contre-forces*; le congrès de Vienne et la conférence de Londres de 1831 ont inauguré dans cet équilibre *la neutralité perpétuelle* : l'heure et peut-être venue d'y consolider cet élément pacifique nouveau par les *neutres-poids* ou *neutres-forces*?

Quoi qu'il en soit, c'est avant tout, la modération, la conciliation, la neutralité entre les violences qui doivent être réhabilitées et glorifiées. C'est la mission de paix que la Providence donne à la France. L'histoire est lasse de conquérants; elle promet aux pacificateurs des pages bien autrement glorieuses. Le nom de Napoléon III est inscrit sur la première; il a ouvert l'ère nouvelle; elle lui appartient.

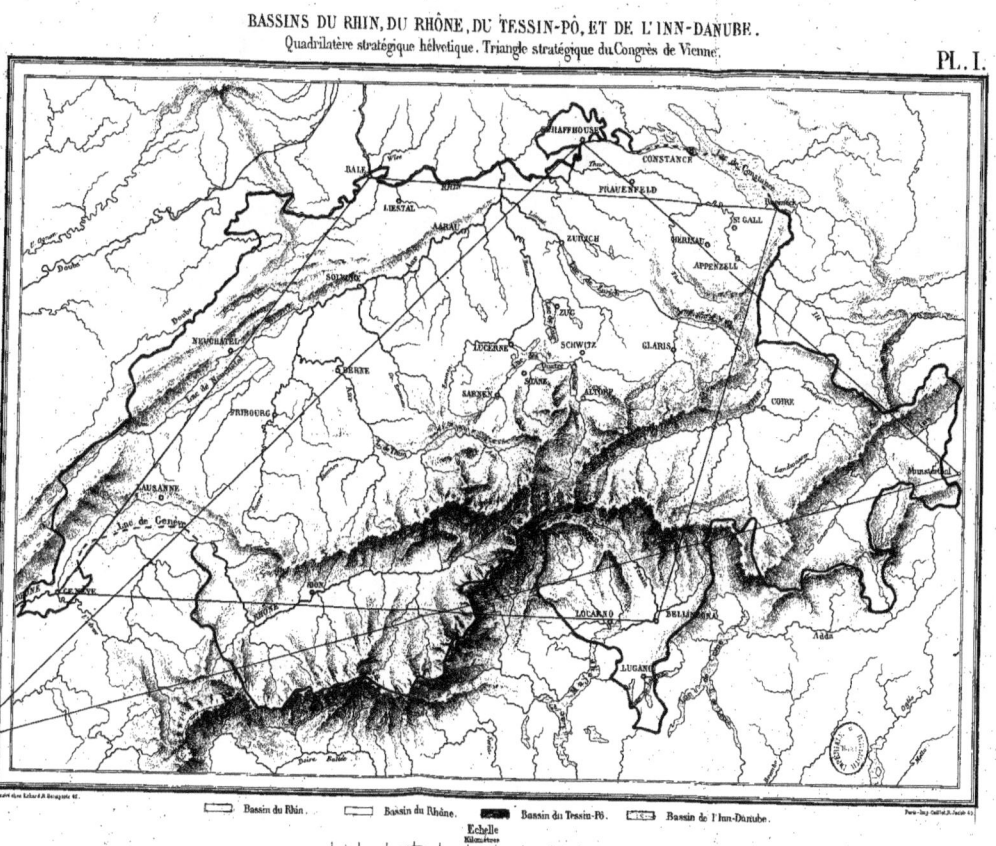

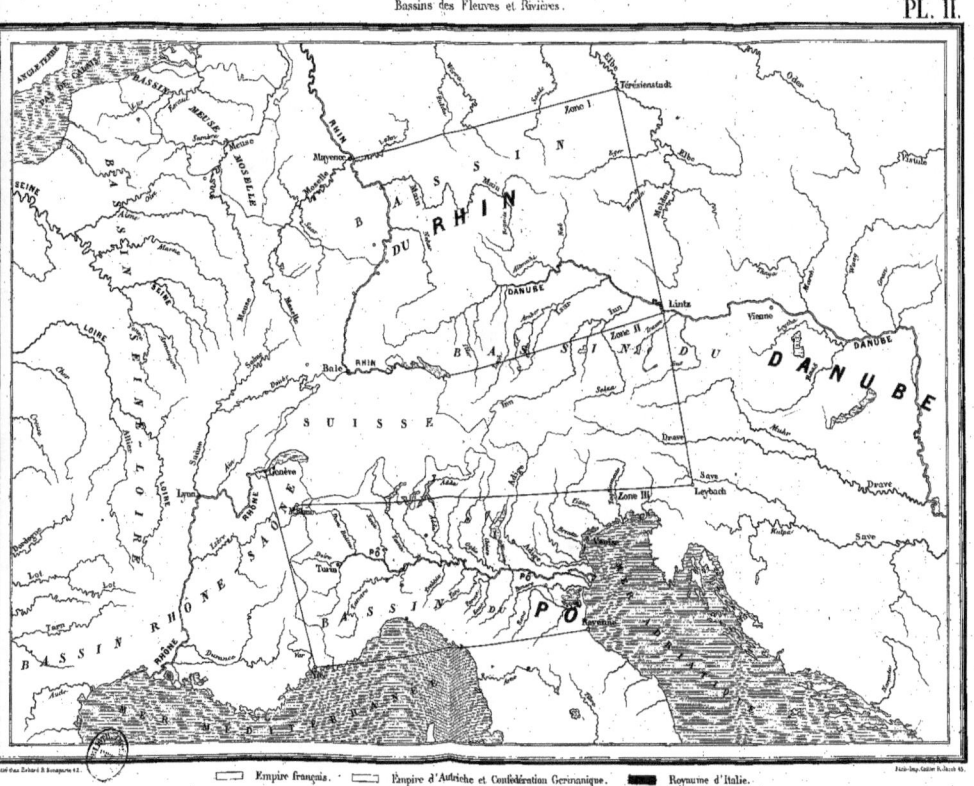

PIÈCE JUSTIFICATIVE

PIÈCE JUSTIFICATIVE

CONVENTION

PASSÉE ENTRE

M. le colonel fédéral HUBER-SALADIN, commandant la 1re brigade de la 8e division de l'armée suisse,

D'une part,

M. le capitaine GRÜNWALD, du corps de la flotille impériale et royale,

D'autre part.

Les bateaux à vapeur *Radetzky*, *Benedek* et *Ticino* resteront sous sequestre à Magadino pendant toute la durée des hostilités entre les armées autrichiennes et franco-sardes.

Le pavillon impérial sera amené; les machines à vapeur cesseront de fonctionner pendant ce temps-là; le pavillon fédéral suisse remplacera le pavillon impérial comme gage de sécurité. Un officier fédéral dressera, de concert avec un officier de la marine impériale, l'inventaire de tous les objets de désarmement. Il restera à bord un nombre suffisant de marins pour l'entretien des machines et des navires.

Il y aura sur chaque bâtiment une garde suisse pour veiller à sa conservation; le chef aura la surveillance de l'équipage, et il sera responsable de tout ce qui lui est confié pendant toute la durée du sequestre.

La chaloupe à la toue est soumise aux mêmes conditions de sequestre que les navires à vapeur. Les armes de la troupe seront déchargées et livrées. MM. les officiers conserveront leur épée. Dans le cas où ils prendraient eux-mêmes le commandement de leurs hommes, ils donneront leur parole d'honneur de ne pas s'écarter de la route assignée pour se rendre de Magadino à Coire.

La colonne se mettra en marche par détachements, sous l'escorte de troupes suisses. Ces détachements seront sous le commandement d'un officier supérieur suisse et conduits par un officier de l'état-major fédéral.

Les armes et les bagages seront transportés sur des voitures, placées à l'arrière de la colonne et à la distance d'une étape. Chaque convoi sera accompagné d'un sous-officier autrichien, chargé de la surveillance.

On dressera également un inventaire de tous les bagages et du matériel.

Les malades qui ne pourraient suivre la colonne seront recueillis dans les hôpitaux suisses.

Des médecins et une ambulance seront mis à la disposition du commandant des troupes autrichiennes.

Le sous-officier marié peut, s'il le désire, profiter des moyens publics de transport, s'il donne sa parole d'honneur de se rendre à la frontière où les équipages seront dirigés.

MM. les officiers veilleront à ce que le bon ordre le plus rigoureux soit maintenu parmi les hommes placés sous leur commandement, soit pendant la marche, soit dans la caserne ou les cantonnements.

La présente convention faite et close, sous la réserve des conditions pécuniaires qu'il y aura lieu de régler plus tard, à la charge du gouvernement autrichien et au profit de la Confédération helvétique;

Et signé en main propre :

Au nom de la Suisse, par M. le colonel fédéral Huber-Saladin ;
Au nom de l'Autriche, par M. le capitaine Grünwald, du corps de la flotille ;
A bord du *Radetzky*, devant Magadino, le 9 juin 1859 ;
Sous la réserve de l'approbation des commandants divisionnaires.

Signés : HUBER-SALADIN, *colonel fédéral*,

GRÜNWALD, *capitaine.*

Vu pour la légalisation de l'écriture ci-dessus :

Le premier secrétaire du département fédéral,

Signé : FEISS.

Berne, le 10 décembre 1862.

Paris. — Imprimerie de A. GUYOT ET SCRIBE, rue Neuve-des-Mathurins, n° 18.

www.ingramcontent.com/pod-product-compliance
Lightning Source LLC
Chambersburg PA
CBHW070319100426
42743CB00011B/2479